Planeten-Magie für Anfänger

Traumreisen und Mantren, Talismane, Invokationen und Ekstasen

Kontakt: www.HarryEilenstein.de
Harry.Eilenstein@web.de
Harry Eilenstein bei youtube

Herstellung und Verlag: BoD – Books on Demand, Norderstedt

ISBN: 9783756833795

für Amadeus Bader

Inhaltsverzeichnis

1. Planetenmagie

Wozu braucht man Planeten-Magie? Am häufigsten wird die astrologisch-magische Seite der Planeten als Kraftquelle in Ritualen verwendet. Dies ist eine Weiterentwicklung der früheren Auffassung der Planeten als Götter – die Namen der Planeten stammen von den römischen Gottheiten, die mit den sieben klassischen Planeten identifiziert worden sind, d.h. mit den sieben Planeten, die mit bloßem Auge am Himmel sichtbar sind. Diese Götter-Auffassung hat sich im Mittelalter nach und nach verändert und ist dann in der Neuzeit schrittweise „technisiert“ worden, wodurch die Planetenwirkungen sozusagen versachlicht worden sind und sich die Vorstellung von Gottheiten nach und nach aufgelöst hat. In noch neueren Vorstellungen sind die Planeten nur noch materielle Symbole für allgemeine Qualitäten.

Aber egal, ob die Planeten nun als eigenständig handelnde Götter, als Kraftquellen mit klar definierten Qualitäten oder als Analogie-Symbole aufgefaßt worden sind, haben sich Magier an sie gewandt, um von ihnen ihre Qualität zu erhalten und damit ihr eigenes Leben zu gestalten.

Die Qualitäten der sieben klassischen Planeten (Mond, Merkur, Venus, Sonne, Mars, Jupiter, Saturn) sowie der drei neuentdeckten Planeten (Uranus, Neptun, Pluto) läßt sich erfreulicherweise sehr genau mithilfe der Astrologie erfassen, da sich die Qualitäten der Planeten in jedem Horoskop aufs neue zeigen. Diese jederzeit überprüfbare Präzision ist ansonsten in der Magie nicht überall der Standard.

Es gibt jedoch neben der Verwendung der Planeten als Kraftquelle noch weitere Möglichkeiten, sie in der Magie zu nutzen. Die fünf wichtigsten Möglichkeiten sind:

- die Planeten als Kraftquelle,
- die Planeten in der Horoskopdeutung,
- die Anrufung der Planeten als Götter,
- die Traumreisen zu den Planeten und die Gespräche mit ihnen, und
- die Traumreisen zu den Planeten im eigenen Horoskop.

Wie fast überall kann man natürlich noch weitere Verwendungen finden wie z.B. in der Herstellung von Planetenelixieren, bei alchemistischen Prozessen, im astrologisch orientierten Gartenbau usw. Die fünf oben genannten Verwendungsmöglichkeiten dürften aber zumindestens in der Magie die wichtigsten sein.

2. Die Qualität der zehn astrologischen Planeten

Als Grundlage für das Verstehen der Qualitäten der Planeten ist das Deuten von Horoskopen sicherlich am solidesten. Zum einen erhält man dabei durch den ständigen Umgang mit den Planeten Vorstellungen über sie, die nach und nach immer schärfere Konturen erhalten, und zum anderen erlebt man bei jedem Horoskop aufs Neue die Realität dieser Qualitäten.

Des weiteren ist das Deuten von Horoskopen sehr hilfreich dabei, z.B. den „Mars an sich“ zu erkennen und nicht nur den „Mars in meinem Horoskop“. Wenn man z.B. im eigenen Horoskop den Mars im Widder im 5. Haus stehen hat, dann ist die Tatkraft (Mars) natürlich spontan (Widder) und dient ausschließlich der Selbstdarstellung (5. Haus). Folglich geht man zunächst davon aus, daß der Mars die kraftvolle und spontane Selbstdarstellung ist – was denn auch sonst? Wenn man dann nach und nach sieht, daß der Mars 12 verschiedene Stile (Tierkreiszeichen) haben kann und daß er in 12 verschiedenen Lebensbereichen (astrologische Häuser) aktiv werden kann, erkennt man, daß der Mars auf $12 \cdot 12 = 144$ verschiedene Weisen erscheinen kann.

Wenn man dann einem guten Teil dieser Möglichkeiten bei Horoskopdeutungen begegnet ist, kann man nach einiger Zeit den Mars selber von dem astrologischen Gewand, das er in einem bestimmten Horoskop trägt, unterscheiden. Wenn man Mars-Magie nur für sich selber betreibt, ist es nicht so wichtig, diesen „Mars an sich“ zu kennen, aber sobald man mit einem Freund oder einer Gruppe zusammenarbeitet, erhält der „Mars an sich“ eine große Bedeutung, da es dieser „Mars ohne astrologisches Gewand“ ist, auf den man sich dann einigen muß – er ist das Element, das der Mars in allen Horoskopen gemeinsam hat.

Es ist auch hilfreich, den Aufbau eines Horoskops zu verstehen, das aus verschiedenen Elementen besteht. Dadurch kann man die Rolle der Planeten innerhalb der Astrologie, die ja auch noch die Tierkreiszeichen, die Häuser, die Aspekte usw. umfaßt, verstehen.

Die Planeten sind in einem Horoskop stets das aktive Element. Das läßt sich am einfachsten durch den Aufbau eines Horoskops veranschaulichen:

- Das Leben insgesamt ist wie ein Schauspiel,
- der Aszendent ist das Bühnenbild,
- die Planeten sind die Schauspieler,
- die Tierkreiszeichen sind die Rollen der Schauspieler,
- die Häuser sind die Lebensbereiche, in denen die Schauspieler aktiv sind,
- die Aspekte sind das Drehbuch des Schauspiels,
- der freie Wille ist der Regisseur des Schauspiels, der für das Niveau zuständig ist, und
- und die Seele ist der Drehbuchautor.

Die Planeten sind mit den Tierkeiszeichen, den astrologischen Häusern und den Aspekten verwandt, aber sie sind nicht dasselbe und die Planeten sind – wie bereits gesagt – innerhalb eines Horoskops das aktive Element.

Die wesentliche Ordnung innerhalb der Planeten ist die Folge ihrer scheinbaren Umlaufzeit um die Erde. Diese Folge ist:

- Mond:	27 Tage	= 1 Monat („Monat" = Mondzeit")
- Merkur:	88 Tage	≈ 3 Monate
- Venus:	225 Tage	≈ 7,5 Monate
- Sonne:	365 Tage	= 1 Jahr („Jahr" = „Sonnenlauf")
- Mars:	687 Tage	≈ 2 Jahre
- Jupiter:	4.334 Tage	≈ 11 Jahre
- Saturn:	10.821 Tage	≈ 30 Jahre
- Uranus:	30.861 Tage	≈ 84,5 Jahre
- Neptun:	60.445 Tage	≈ 165,5 Jahre
- Pluto:	90.472 Tage	≈ 248 Jahre

Die Planeten stellen in dieser Reihenfolge auch eine Folge des Alters eines Menschen dar:

- Mond:	Kleinkind
- Merkur:	Kind
- Venus:	Jugend
- Sonne:	junger Erwachsener (Familiengründung)
- Mars:	erfahrener Erwachsener
- Jupiter:	reifer Erwachsener
- Saturn:	alter Erwachsener (die Kinder sind aus dem Haus)
- Uranus:	alter Erwachsener mit neuem Freiraum
- Neptun:	alter Erwachsener, der für die Gemeinschaft lebt
- Pluto:	Greis

Mit dieser Alters-Reihenfolge ist auch eine Folge von Fähigkeiten verbunden, die naturgemäß zu diesem Altersstufen gehört:

- Mond: Wahrnehmen
- Merkur: Analysieren
- Venus: Bewerten
- Sonne: Entscheiden
- Mars: Umsetzen
- Jupiter: Aufbauen
- Saturn: Erhalten
- Uranus: Ergänzen
- Neptun: Erweitern
- Pluto: Umwandeln

Aus den drei bereits beschriebenen Folgen – also Umlaufzeit, Alter und Tätigkeit – ergibt sich eine Folge von Urbildern, die den Charakter der Planeten beschreiben:

- Mond: Kind
- Merkur: Schüler
- Venus: Jugendliche
- Sonne: König
- Mars: Krieger
- Jupiter: Manager
- Saturn: Wächter
- Uranus: Erfinder
- Neptun: Künstler
- Pluto: Magier

Wenn man sich diese Folge anschaut, kann man sehen, daß nicht jeder Schritt in dieser Folge gleich ist – es gibt Kraft-Entwicklungen, Form-Entwicklungen und Zustände. Diese drei Möglichkeiten sind regelmäßig auf diese Folge verteilt:

die Qualität der Planeten-Entwicklungschritte					
Planet	***Vorgang***	***Entwicklung***			
		Zustand	*Veränderung*		*Zustand*
			Form	*Kraft*	
Mond	Wahrnehmen durch das Kind	Zustand			
Merkur	Analysieren durch den Schüler		Form		
Venus	Bewerten durch die Jugendliche			Kraft	
Sonne	Entscheiden durch den König				Zustand
Mars	Umsetzen durch den Krieger			Kraft	
Jupiter	Aufbauen durch den Manager		Form		
Saturn	Erhalten durch den Wächter	Zustand			
Uranus	Ergänzen durch den Erfinder		Form		
Neptun	Erweitern durch den Künstler			Kraft	
Pluto	Umwandeln durch den Magier				Zustand

Als die drei äußeren Planeten, die man nicht ohne Fernrohr sehen kann, entdeckt worden sind, haben die Astrologen sie als die „höheren Oktaven“ von bereits bekannten Planeten aufgefaßt. Diese „höheren Oktaven“ kann man als Verwandtschaft oder als Analogie auf einem höheren Niveau auffassen.

Diese Verwandtschaften sehen wie folgt aus:

- Merkur (Denken) - höhere Oktave: Uranus (erfinden)
- Venus (Fühlen) - höhere Oktave: Neptun (ahnen)
- Mars (Handeln) - höhere Oktave: Pluto (verwandeln)

Diese Auffassung der Planeten-Verwandtschaft als „höhere Oktaven wird präziser, wenn man die Folge der 10 Planeten in drei Gruppen aufteilt:

1. Phase: innere Entwicklung

- Mond:	Wahrnehmen durch das Kind	- Zustand
- Merkur:	Analysieren durch den Schüler	- Form
- Venus:	Bewerten durch die Jugendliche	- Kraft
- Sonne:	Entscheiden durch den König	- Zustand

2. Phase: soziale Entwicklung

- Sonne:	Entscheiden durch den König	- Zustand
- Mars:	Umsetzen durch den Krieger	- Kraft
- Jupiter:	Aufbauen durch den Manager	- Form
- Saturn:	Erhalten durch den Wächter	- Zustand

3. Phase: öffentliche Entwicklung

- Saturn:	Erhalten durch den Wächter	- Zustand
- Uranus:	Ergänzen durch den Erfinder	- Form
- Neptun:	Erweitern durch den Künstler	- Kraft
- Pluto:	Umwandeln durch den Magier	- Zustand

Es gibt in dieser Planetenfolge drei Planeten, die Form-Entwicklungen sind, drei Planeten, die Kraft-Entwicklungen sind und vier Planeten, die Zustände sind.

- Form-Entwicklungen:

- innerer Bereich:	Merkur	- Schüler, Denken
- sozialer Bereich:	Jupiter	- Lehrer, Manager
- öffentlicher Bereich:	Uranus	- Ergänzen, Erfinder

- Kraft-Entwicklungen:

- innerer Bereich:	Venus	- Jugendliche, Gefühle
- sozialer Bereich:	Mars	- Krieger, Tat
- öffentlicher Bereich:	Neptun	- Erweitern, Künstler

- Zustände:

- 1. Zustand:	Mond	- erlebendes Kind
- 2. Zustand:	Sonne	- gestaltender König
- 3. Zustand:	Saturn	- bewahrender Wächter
- 4. Zustand:	Pluto	- verwandelnder Magier

In dieser Form der Anordnung der Planeten zu drei Gruppen sind die Verwandtschaften zwischen den Planeten schlüssiger erkennbar als in der traditionellen Form der Auffassung der drei äußeren Planeten als die höheren Oktaven vom Merkur, Venus und Mars. Trotzdem ist die „Oktaven-Ordnung“ durchaus hilfreich für eine erste Orientierung.

- - -

Nach diesen Betrachtungen, die eine erste Orientierung vermitteln sollten, folgen nun die ausführlichen Beschreibungen der 10 Planeten.

Mond

Der Mond ist der Kontakt und daher auch die Wahrnehmung und die Erinnerung – allerdings die unbewußte Erinnerung und somit auch die inneren Bilder. Diese inneren Bilder prägen die Träume, die Traumreisen, die Gestik, die Mimik, die Haltung, den Tonfall und die Assoziationen.

Kontakt bedeutet auch Familie, Nähe, Wärme und Geborgenheit – zumindestens idealerweise. Das Urbild des Mondes ist daher die das Kind stillende Mutter: die Muttergöttin.

Der Mond sind die allgemeinen Bedürfnisse nach Wärme, nach Nahrung, nach Schutz, nach Nähe, nach Wärme, nach Schlaf, nach Trinken – der Mond ist der psychosomatische Bereich des Menschen.

Im Bereich der Magie ist der Mond die Lebenskraft. Daher gehören ganz allgemein auch der Lebenskraftkörper, die Chakren, die Akupunkturpunkte, die Akupunktur-Meridiane und auch solche Methoden wie Massage, Pranayama (Atemübungen), Homöopathie, Runen-Übungen, Ernährungslehren usw. zu dem Mond.

Zu ihm gehört auch die Betonung in der Sprache, die Dichtung, der Gesang, die Mantren, die Imagination – selbst die Grammatik gehört zu ihm, da sie ein weitgehend unbewußt funktionierendes Muster ist, das den Worten aufgrund ihrer Stellung im Satz eine Bedeutung gibt.

Der Mond gehört zu den Gefühls-Planeten, wobei sich diese Gefühle auf etwas Allgemeines beziehen und sich auf etwas richten, was von außen her kommt – z.B. Durst, der etwas zu trinken haben will.

Merkur

Der Merkur ist der Verstand und das Denken und folglich auch die Sprache, die Schrift, die Logik, die Analyse, das Lernen, die Mathematik, die Wissenschaften, das Forschen, die Diskussion, die Debatte usw. Aber der Merkur ist auch das Zuhören, das Verstehen-wollen und die Neugierde.

Der Merkur ist unserer Kultur derart allgegenwärtig, daß es schwierig ist, viel über ihn zu sagen.

Venus

Venus ist die Gefühle. Dabei handelt es sich um die Gefühle, die sich auf etwas Spezielles beziehen und die sich auf etwas richten, das von außen her kommt. Dies kann z.B. eine Rose sein, die man schön findet.

Bei der Venus geht es um konkrete Dinge: Diese Blume ist schön, dieser Mann ist doof, diesen Park mag ich, das ist mein Lieblingsobst usw. Die Venus sagt also entweder „Schön!“ oder „Bäh!“ oder ihr ist eine Sache völlig egal. Die Venus-Gefühle sind Sympathie und Antipathie, Zuneigung und Abneigung; ihre Kategorien sind Schönheit und Häßlichkeit, Anziehung und Abstoßung.

Die Venus flirtet gern und ist sich auch ihrer eigenen Schönheit bewußt und nutzt sie, um bei anderen die gewünschten Reaktionen hervorzurufen.

Sonne

Die Sonne ist der König bzw. die Königin. Sie steht in einer Situation und entscheidet, wie sie sich zu ihr stellt. Das wichtigste Wort der Sonne hat nur drei Buchstaben: „Ich!!!“

Die Sonne ist das Zentrum. Sie hat den Überblick in einer Situation und wählt aus, was sie mit dieser Situation anfangen will: Sie entscheidet sich für eine bestimmte Richtung.

Bei der Sonne läuft alles über das Ich: Alles, was sie sieht oder hört oder auf eine andere Weise wahrnimmt, vergleicht sie sofort mit sich selber, um es verstehen und einordnen zu können. Dann reagiert sie in der Weise auf das Erlebte, daß sie es in die Richtung lenkt, die den größten Wert für sie hat.

Dabei hat die Sonne nicht nur für ihre eigene Individualität eine hohe Werschätzung, sondern auch für die Individualität der anderen. Die Sonne ist auch der Blick auf das funktionierende System, auf den organische Aufbau, auf die Schlüssigkeit, auf die Herzlichkeit, auf das Strahlen, die Selbstliebe, die Selbstentfaltung, das Selbstvertrauen, die Selbstsicherheit usw.

Die Sonne will, das der innerste Kern in jeder Haltung und Handlung aufleuchtet.

Mars

Der Mars ist der Krieger. Er ist wieder einer der Gefühls-Planeten. Ihm geht es um konkrete Dinge und er richtet sich von innen nach außen: Er will etwas tun, weil ihn die betreffende Tat anzieht. Dabei kann es sich um Sport handeln, um Kampf, um Sex, um Arbeit oder um jegliche andere Tat.

Zu den Äußerungen des Mars gehören auch Lachen, Weinen, Zittern, Wut, Toben, Ekstase und ähnliches, das sich durch viel Kraft äußert. Die Mars-Organe sind vor allem die Muskeln, aber auch die Genitalien.

Mars ist der Kämpfer und er strebt nach dem Sieg. Er will etwas erreichen. Wie Goethe in einem seiner Gedichte sagt: „Am Anfang war die Tat."

Der rote Planet lebt ganz in dem Gefühl des Verlangens nach einer bestimmten Situation, die er mit aller Kraft anstrebt.

Jupiter

Der Jupiter ist der Manager unter den Planeten. Er hat den großen Überblick. Er sieht, was lohnend ist und wo sich interessante Möglichkeiten befinden. Er erkennt auch, was er am meisten genießen kann und organisiert sein Leben so, daß er möglichst viel von diesem Genußvollen erhält.

Er delegiert Aufgaben, holt Expertisen ein, beauftragt eine Firma, führt Gespräche, konsultiert einen Berater, entwirft einen Plan für seine Unternehmung, organisiert das nötige Geld … er lenkt Schritt für Schritt die Dinge dorthin, wo er sie haben will. Der Jupiter prägt die Entwicklungen, wobei er nicht unbedingt im Vordergrund stehen muß. Der Jupiter hat den großen Überblick und denkt weit voraus, um alles nutzen zu können, was sich auf seinem Weg befindet.

Er kann auch andere unterstützen, Spenden geben, ein Gönner und Mäzen sein – er ist immer auf einen erwünschten Zustand ausgerichtet und zum Erreichen dieses Zustandes kann er durchaus auch andere fördern, die dann zum Erreichen seines eigenen Zieles beitragen.

Der Jupiter kann daher auch Gemeinschaften lenken.

Saturn

Der Saturn ist der Bewahrer und der Wächter des Erhaltenswerten. Im Körper ist er die Knochen. Er ist das Beständige, Stabile, Tragfähige und Verläßliche, und auch das Starre, Rigide und Unbeugsame.

Der Saturn wandelt sich nur, wenn er einen Sachverhalt lange und gründlich geprüft und einen neuen Kurs für sinnvoller und effektiver hält.

Der Saturn ist der penible Buchhalter im Büro, der wachsame Wächter am Tor, der Späher auf dem Turm und der alte Ratgeber im Thronsaal. Auf ihn ist Verlaß, ihn bringt so schnell nichts ins Wanken. Er ist die Lebenserfahrung, die die Wiederholung von Fehlern zu vermeiden hilft. Er ist das Gedächtnis und die Tradition.

Uranus

Der Uranus ist das Ultra-Neue und das Asbach-Uralte, das Intergalaktische und das Exorbitante – Uranus ist der Erfinder. Er ist der Sprung über den Abgrund und der Sprung in der Tasse. Er ist der Trickser, der Zauberkünstler – er bringt das Unerwartete.

Der Uranus verknüpft Dinge, die bisher getrennt gewesen sind und erschafft dadurch Neues. Er sieht die Möglichkeiten, die bisher noch niemand erkannt hat. Er ist der Entdecker, der Spontane, der Unberechenbare und er geht seltsame und unübersichtliche Wege – wie das Pferd im Schach. Er ist der Spaßvogel, der Gaukler, der Schelm – der alle zum Lachen, zum Weinen oder zum Verzweifeln bringen kann.

Er rührt das Gewohnte um und stellt es auf den Kopf, er öffnet neue Wege und ermöglicht Dinge, die bisher undenkbar gewesen sind. Er ist das Plötzliche, der Magnesiumblitz, die Eingebung, die Überraschung, das Unerwartete – er ist das, womit niemand gerechnet hat.

Neptun

Der Neptun ist der Träumer, der Mystiker, der Ökologe, der Drogenforscher, der Sozial-Engagierte, der Künstler – er ist die Phantasie und das Grenzauflösende.

Der Neptun weitet alles in das Unbekannte hinein und er spürt in das Unsichtbare hinein und ahnt, was dort ist. Er schaut stets in die Weite und er ist wie der Kapitän eines Dreimasters, der die Strömungen des Meeres und des Windes spüren kann und dadurch Orientierung erhält.

Für den Neptun gibt es auch keine Grenze der eigenen Psyche: Er dehnt seine Wahrnehmung durch Telepathie aus und er dehnt seine Handlungsfähigkeit durch Telekinese aus.

Er lebt in der Welt der Götter und der Tagtraum ist seine liebste Beschäftigung. Er möchte das ausdrücken, was unsichtbar in dem großen Ganzen schwingt und die Musik des Lebens ist – daher wird er zum Künstler. Er nimmt an allem Teil – daher ist er im sozialen Bereich engagiert. Er denkt immer vom Ganzen her – daher übernimmt er eine große ökologische Verantwortung. Er sucht die Wurzel der Dinge im Ganzen – daher ist er religiös. Und er versucht die Grenzen des eigenen Körpers aufzulösen – deswegen experimentiert er mit Drogen. Und in Beziehungen sucht er die Symbiose.

Der Neptun ist der vierte der Gefühls-Planeten. Er ist auf das Allgemeine ausgerichtet und geht von innen nach außen – Neptun ist ein tätiger Planet.

Pluto

Der Pluto ist der Magier, der alles verwandelt. Er sucht das Existentielle, die größtmögliche Intensität, die Einsgerichtetheit, die Ekstase. Er ist die Metamorphose, die Verwandlung der Raupe in einen Schmetterling. Er bringt die Dinge auf einen Punkt, er ist die Essenz. Er muß nicht fanatisch sein, aber wenn er von etwas überzeugt ist, kann man nicht mit ihm diskutieren. Wenn er etwas als richtig empfindet, dann folgt er auch diesem Weg – kein Kompromiß.

Pluto ist der Lebensdrang, die Erhaltung der eigenen Existenz, die Wurzel der Psyche.

\- - -

Nachdem nun die 10 Planeten beschrieben worden sind, gibt es noch einige Zusammenhänge innerhalb der Astrologie, die es sich zu betrachten lohnt.

Zunächst sind die sieben klassischen Planeten in der Geschichte der Astrologie den Tierkreiszeichen zugeordnet worden. Nach der Entdeckung der drei äußeren Planeten sind diese als zusätzliche Planeten in den Tierkreis eingefügt worden:

- Widder:	Mars	
- Stier:	Venus	
- Zwillinge:	Merkur	
- Krebs:	Mond	
- Löwe:	Sonne	
- Jungfrau:	Merkur	
- Waage:	Venus	
- Skorpion:	Mars	+ Pluto
- Schütze:	Jupiter	
- Steinbock:	Saturn	
- Wassermann:	Saturn	+ Uranus
- Fische:	Jupiter	+ Neptun

Die sieben klassischen Planeten sind den Tierkeiszeichen systematisch zugeordnet: Mond und Sonne „wohnen" nebeneinander im Krebs und im Löwen; daneben stehen die beiden Merkur-Zeichen Zwillinge und Jungfrau; daneben stehen die beiden Venus-Zeichen Stier und Waage; daneben stehen die beiden Mars-Zeichen Widder und Skorpion; daneben stehen die beiden Jupiter-Zeichen Fische und Schütze; und zwischen ihnen stehen gegenüber von Krebs und Löwe die beiden Saturn-Zeichen Steinbock und Wassermann.

Diese Anordnung entspricht weitestgehend der Folge der Umlaufzeiten: Sonne/ Mond – Merkur – Venus – Mars – Jupiter – Saturn.

Eine weitere Verbindung besteht zwischen den Tierkreiszeichen und den vier Elementen sowie den drei Dynamiken, die indirekt somit auch mit den Planeten zusammenhängen:

- Widder:	Mars	- Feuer	- erschaffend
- Stier:	Venus	- Erde	- gestaltend
- Zwillinge:	Merkur	- Luft	- anwendend
- Krebs:	Mond	- Wasser	- erschaffend
- Löwe:	Sonne	- Feuer	- gestaltend
- Jungfrau:	Merkur	- Erde	- anwendend
- Waage:	Venus	- Luft	- erschaffend
- Skorpion:	Mars + Pluto	- Wasser	- gestaltend
- Schütze:	Jupiter	- Feuer	- anwendend
- Steinbock:	Saturn	- Erde	- erschaffend
- Wassermann:	Saturn + Uranus	- Luft	- gestaltend
- Fische:	Jupiter + Neptun	- Wasser	- anwendend

Die 12 astrologischen Häuser entsprechen den 12 Tierkreiszeichen, nur daß sie Lebensbereiche und nicht Stile sind.

Schließlich gibt es noch einen Zusammenhang der Tierkreiszeichen und somit auch der Planeten mit den astrologischen Aspekten. Diese Aspekte sind:

- Konjunktion:	0°	= „Ehe“
- Halbsextil:	30°	= „Weiterentwicklung“
- Sextil:	60°	= „Gruppenbildung“
- Quadrat:	90°	= „Trennung, Zeltstange“
- Trigon:	120°	= „Freundschaft“
- Quincunx:	150°	= „Aufräumen“
- Opposition:	180°	= „Gegensatz-Ergänzung“

Diese Aspekte lassen sich den Tierkeiszeichen wieder in ihrer Reihenfolge zuordnen. Die Konjunktion bringt alles auf einen Punkt im Hier und Jetzt, was dem Wesen des Widders entspricht. Die Opposition entspricht der Waage, die stets die Verbindung und den Ausgleich sucht. Die übrigen Aspekte fügen sich ihrer Reihenfolge entsprechend zwischen diese beiden Pole:

- Widder:	Mars	0°	Konjunktion
- Stier:	Venus	30°	Halbsextil
- Zwillinge:	Merkur	60°	Sextil
- Krebs:	Mond	90°	Quadrat
- Löwe:	Sonne	120°	Trigon
- Jungfrau:	Merkur	150°	Quincunx
- Waage:	Venus	180°	Opposition
- Skorpion:	Mars + Pluto	150°	Quincunx
- Schütze:	Jupiter	120°	Trigon
- Steinbock:	Saturn	90°	Quadrat
- Wassermann:	Saturn + Uranus	60°	Sextil
- Fische:	Jupiter + Neptun	30°	Halbsextil

Diese vielen Zusammenhänge kann man nun noch einmal in einer Übersicht zusammenfassen:

Die Eigenschaften der Planeten								
Planet	***Alter***	***Fähigkeiten***	***Urbilder***	***Tierkreiszeichen***	***Häuser***	***Elemente***	***Dynamiken***	***Aspekte***
Mond	kleines Kind	Wahrnehmen	Kind	Krebs	4.	Wasser	erschaffend	90°
Merkur	großes Kind	Analysieren	Schüler	Zwillinge Jungfrau	3. 6.	Luft Erde	anwendend anwendend	60° 150°
Venus	Jugend	Bewerten	Jugendliche	Waage Stier	7. 2.	Luft Erde	erschaffend gestaltend	180° 30°
Sonne	Familiengründung	Entscheiden	König	Löwe	5.	Feuer	gestaltend	120°
Mars	erfahrener Erwachsener	Umsetzen	Krieger	Widder Skorpion	1. 8.	Feuer Wasser	erschaffend gestaltend	0° 150°
Jupiter	reifer Erwachsener	Aufbauen	Manager	Schütze Fische	9. 12.	Feuer Wasser	anwendend anwendend	120° 30°
Saturn	Kinder aus dem Haus	Erhalten	Wächter	Wassermann Steinbock	11. 10.	Luft Erde	gestaltend erschaffend	60° 90°
Uranus	neuer Freiraum	Ergänzen	Erfinder	Wassermann	11.	Luft	erschaffend	60°
Neptun	für Gemeinschaft leben	Erweitern	Künstler	Fische	12.	Wasser	anwendend	30°
Pluto	Greis	Verwandeln	Magier	Skorpion	8.	Wasser	gestaltend	150°

Wenn man die Kombinationen der Planeten mit den Elementen betrachtet, sieht das sieht das sehr schlüssig aus:

- Der Mond ist Wasser und die Sonne ist Feuer.
- Der Merkur, die Venus und der Saturn findet sich jeweils in der Luft und in der Erde – diese drei Planeten denken also nach und suchen nach Beständigkeit. Merkur, Venus und Saturn sind also eher passiv, erkennend und bewahrend.
- Mars und Jupiter stehen hingegen (wie Sonne und Mond) in Feuer- und Wasserzeichen. Sie sind emotional und wollen etwas erschaffen. Sonne, Mond, Mars und Jupiter sind demnach aktiv, fühlend und erschaffend.

- Der Erfindungsgeist des Uranus paßt zur Luft, die Phantasie des Neptun zum Wasser und die einsgerichtete Emotionalität des Plutos zum Wasser.

Bei den Dynamiken fällt auf, daß der Merkur (Zwillinge, Jungfrau) und der Jupiter (Schütze, Fische) die beiden einzigen Planeten sind, die anwendend ist – sie nehmen also das, was da ist, gehen darauf ein und schafft daraus das, was sie haben wollen. Hinzu kommt noch der Neptun als Planet in den Fischen.

\- - -

Zum Schluß dieser allgemeinen Betrachtung der Planeten noch eine Überlegung:

- Der Tierkreis ist ein absolutes System – er findet sich in der Physik als die zwölfgeteilten Superstrings wieder. Auch die Qualitäten der astrologischen Aspekte, die fest mit dem Tierkreis verbunden sind, finden sich in der Physik mit denselben Eigenschaften wieder. (Bei Bedarf siehe meine Bücher „Physik und Magie“ oder „Logik und Wirkung der Analogie“.)

- Die Planetenfolge ist hingegen ein relatives System – schließlich gibt es nicht in jedem Sonnensystem genau 10 Planeten. Wenn man sich vorstellt, daß ein Mensch auf einer Raumstation auf dem Mars geboren wird, würde in dessen Horoskop sowohl der Mars als auch der Mond fehlen, aber dafür die Erde sowie die beiden Mars-Monde Daimos und Phöbos erscheinen. Und auf einer Raumstation auf einer Jupiter-Umlaufbahn würden die 79 Jupiter-Monde in dem Horoskop stehen …

3. Planeten-Mantren

Die einfachste Weise, sich mit den Planeten zu verbinden und sich „auf ihre Qualität einzuschwingen“ und dadurch ihre Qualität in sich selber und im eigenen Leben zu fördern, ist die Benutzung eines Planeten-Mantras.

Dafür braucht man als erstes – wie immer – ein klares Ziel. Als nächstes faßt man die Qualität dieses Zieles in einem einzelnen Wort zusammen. Dann schaut man, welcher Planet für das Erreichen dieses Zieles notwendig ist. Schließlich formt man aus dem Namen des ausgewählten Planeten und der Bezeichnung des Zieles ein einfaches Zwei-Wort-Mantra.

Ganz allgemein formuliert, können diese Mantren wie folgt aussehen:

- „Mond – Geborgenheit“
- „Merkur – Klarheit“
- „Venus – Schönheit“
- „Sonne – Zentriertheit“
- „Mars – Kraft“
- „Jupiter – Fülle“
- „Saturn – Beständigkeit“
- „Uranus – Neues“
- „Neptun – Weitung“
- „Pluto – Verwandlung“

Idealerweise sollte natürlich nicht solch eine allgemeines Mantra wie „Merkur – Klarheit“, sondern ein präzises Mantra wie z.B. „Merkur – Abitur“ verwendet werden. Manchmal ist natürlich auch das präzise Ziel allgemein wie „Mars – Kraft“, wenn man eben ganz einfach stärker werden will.

Bei dem innerlichen Sprechen des Mantras imaginiert man beim Einatmen, daß man Lebenskraft aufnimmt und den eigenen Körper mit ihr erfüllt, und beim Ausatmen, daß diese Lebenskraft in dem eigenen Körper aufleuchtet und die gewünschte Qualität erschafft.

Man kann diese Mantra-Meditation auf mehrere Weise ergänzen, wenn man möchte. Man sollte sie allerdings nicht überfrachten, da die Mantra-Meditation schließlich die Konzentration auf einen der Planeten fördern soll.

Die einfachste Ergänzungen ist die Imagination der Lebenskraft in der traditionellen Farbe der Planeten. Farben gibt es jedoch nur für die sieben klassischen Planeten – für die drei transsaturnischen Planeten muß man schauen, welche Farben man schlüssig findet. Die Farben für Uranus, Neptun und Pluto in der folgenden Liste sind also nur Vorschläge.

- „Mond – Geborgenheit“	- milchigweiß- oder violett
- „Merkur – Klarheit“	- orange
- „Venus – Schönheit“	- grün
- „Sonne – Zentriertheit“	- golden/gelb
- „Mars – Kraft“	- rot
- „Jupiter – Fülle“	- blau
- „Saturn – Beständigkeit“	- schwarz
- „Uranus – Neues“	- hellblau
- „Neptun – Weitung“	- violett
- „Pluto – Verwandlung“	- dunkelrot

Eine zweite, naheliegende Ergänzung besteht darin, das Symbol des ausgewählten Planeten vor sich zu imaginieren und beim Einatmen die Lebenskraft aus ihm heraus zu ziehen.

- „Mond – Geborgenheit“	- ☾
- „Merkur – Klarheit“	- ☿
- „Venus – Schönheit“	- ♀
- „Sonne – Zentriertheit“	- ☉
- „Mars – Kraft“	- ♂
- „Jupiter – Fülle“	- ♃
- „Saturn – Beständigkeit“	- ♄
- „Uranus – Neues“	- ⛢
- „Neptun – Weitung“	- ♆
- „Pluto – Verwandlung“	- ♇

Statt das Symbol des Planeten vor sich zu imaginieren, kann man auch die Gottheit selber vor sich imaginieren. Dazu kann man Bilder von griechischen oder römischen Statuen dieser Gottheiten zu Hilfe nehmen. Natürlich kann man auch die Planeten-Gottheiten aus anderen Mythen nehmen, aber die griechisch-römischen Gottheiten werden in der westlichen Zivilisation am bekanntesten und daher im Allgemeinen auch am leichtesten zugänglich sein.

Die griechischen Entsprechungen zu den römischen Gottheiten sind:

- „Mond – Geborgenheit“	- Selene
- „Merkur – Klarheit“	- Hermes
- „Venus – Schönheit“	- Aphrodite
- „Sonne – Zentriertheit“	- Helios
- „Mars – Kraft“	- Ares
- „Jupiter – Fülle“	- Zeus
- „Saturn – Beständigkeit“	- Kronos
- „Uranus – Neues“	- Uranos
- „Neptun – Weitung“	- Poseidon
- „Pluto – Verwandlung“	- Hades

Die sieben klassischen Planeten kann man auch den Chakren zuordnen, da sie eine ausreichend große Ähnlichkeit mit ihnen haben. Man kann diesen Zusammenhang nutzen, indem man die Lebenskraft beim Einatmen in das betreffende Chakra leitet und sie dann beim Ausatmen dort aufleuchten läßt. Man kann daher auch das Planeten-Symbol oder das Bild der Planeten-Gottheit in diesem Chakra imaginieren.

Die Zuordnungen zwischen Planeten und Chakren sind wie folgt:

- „Mond – Geborgenheit“	- Wurzelchakra
- „Merkur – Klarheit“	- Hara
- „Venus – Schönheit“	- Sonnengeflecht
- „Sonne – Zentriertheit“	- Herzchakra
- „Mars – Kraft“	- Halschakra
- „Jupiter – Fülle“	- Drittes Auge
- „Saturn – Beständigkeit“	- Scheitelchakra
- „Uranus – Neues“	- (über dem Kopf)
- „Neptun – Weitung“	- (über dem Kopf)
- „Pluto – Verwandlung“	- (über dem Kopf)

Die Planeten finden sich auch als Zuordnung im kabbalistischen Lebensbaum. Die Planeten sind in den alten mesopotamischen Mythen als die Äste an dem Weltenbaum, als die Sprossen der Himmelsleiter und als die Stufen der Pyramide, die zum Himmel führt, aufgefaßt worden. Auch das Chakrensystem ist solch eine Himmelsleiter.

Der Zusammenhang zwischen den Planeten und dem kabbalistischen Lebensbaum ist für die Magie von Bedeutung, weil von diesem Zusammenhang die Gottesnamen und die Erzengelnamen abgeleitet worden sind, die in den klassischen abendländischen Planeten-Anrufungen und in den Planeten-Hexagrammen verwendet werden.

Die Zuordnungen zwischen Planeten, Chakren und den Sephiroth des kabbalistischen Lebensbaumes sind wie folgt:

- Erde	- physischer Körper	- Malkuth
- „Mond – Geborgenheit“	- Wurzelchakra	- Yesod
- „Merkur – Klarheit“	- Hara	- Hod
- „Venus – Schönheit“	- Sonnengeflecht	- Netzach
- „Sonne – Zentriertheit“	- Herzchakra	- Tiphareth
- „Mars – Kraft“	- Halschakra	- Geburah
- „Jupiter – Fülle“	- Drittes Auge	- Chesed
- „Saturn – Beständigkeit“	- Scheitelchakra	- Da'ath
- „Uranus – Neues“	- (über dem Kopf)	- Binah
- „Neptun – Weitung“	- (über dem Kopf)	- Chokmah
- „Pluto – Verwandlung“	- (über dem Kopf)	- Kether

Hier sind jetzt einige Möglichkeiten für die Erweiterung der Mantra-Meditation beschrieben worden, aber man sollte diese Meditation immer – wie bereits gesagt – so schlicht halten, daß sie die Konzentration fördert und nicht sie behindert. Man sollte daher durch ein wenig Experimentieren das für einen selber richtige Maß an Komplexität herausfinden.

Es kommt letztlich nur darauf an, daß die Mantra-Meditation die erwünschte Wirkung hat.

4. Planeten-Traumreisen

Bei einer Traumreise sieht man innerlich wie bei einem normalen nächtlichen Traum Bilder und hört Stimmen. Manchmal riecht man auch Düfte, spürt Hitze oder Kälte oder kann etwas mit dem Tastsinn wahrnehmen – doch das ist deutlich seltener.

Eine Traumreise beginnt man meistens, indem man sich hinlegt und die Augen schließt. Dann tritt man imaginativ durch eine Tür o.ä., auf die ein Symbol dessen, worüber man etwas erfahren will, gemalt ist. Man kann aber auch einfach z.B. die Gottheit innerlich ansprechen, zu der man Kontakt aufnehmen will.

Am leichtesten kann man Traumreisen erlernen, indem man sie ein paarmal zusammen mit jemandem, der sie bereits beherrscht, durchführt.

Im Folgenden ist jeweils eine kurze Traumreise zu jedem der zehn Planeten aufgeführt. Diese Traumreisen dienen nur dazu, einen ersten Eindruck davon zu vermitteln, wie eine solche Traumreise aussehen kann. Einen wirklichen Wert haben vor allem die Traumreisen, die man selber macht. Wenn man sich z.B. auf einer Traumreise mit Jupiter unterhalten hat, hat man anschließend ein persönliches Verhältnis zu ihm und kann ihn auf eine ganz andere Weise ansprechen als zuvor.

Die Traumreisen ermöglichen, tatsächlich mit den Planeten-Gottheiten zu sprechen und sie zu sehen, anstatt sie nur zu imaginieren oder sie innerlich um etwas zu bitten.

Man könnte Traumreisen nun für einen rein innerlichen Vorgang halten, der sich nur in der Psyche abspielt, aber da man nachweisen kann, daß die Telepathie die „Augen" und die Telekinese die „Hände" des Unterbewußtseins sind, sollte man in Betracht ziehen, daß die Erlebnisse auf Traumreisen tiefere Wurzeln als nur das eigene Unterbewußtsein haben. Wenn es einem hilft, kann man diese „tieferen Wurzeln" auch als „kollektives Unterbewußtsein" bezeichnen.

Wenn man etwas Übung mit Traumreisen erlangt hat, können „Gespräche mit der eigenen Seele, mit dem eigenen Krafttier oder auch mit den Planeten-Gottheiten etwas genauso Selbstverständliches werden wie ein Telefonat.

Wie bei allen magischen, spirituellen und religiösen Methoden sollte man ihre Wirksamkeit durch Versuche erproben und sie dann dort nutzen, wo sie gebraucht werden.

Einer der größten Vorteile von Traumreisen ist es, daß man auf ihnen eigentlich so gut wie immer Dinge erfährt oder versteht, die einem zuvor unbekannt gewesen sind – und die in der Regel auch sehr nützlich sind.

Bei Bedarf kann in meinem Buch „Die Sprache des Mondes – für Anfänger" eine Reihe von Hinweisen gefunden werden, wie man Traumreisen effektiv gestalten kann.

Mond

„Mond – ich möchte Dich besser kennenlernen."

„Du bist doch schon so oft bei mir gewesen und hast jahrelang bei Vollmond die Isis-Rituale gemacht."

„Hm, ja ... ich mache diese Traumreise nun, um den Lesern dieses Buches zu zeigen, wie so etwas aussehen kann."

„Dann sag das doch auch genau so."

„Ja, gut – da habe ich nicht aufgepaßt."

„Du möchtest also Traumreisen demonstrieren?"

„Hm – ja ... aber ich möchte auch den Lesern zeigen, was die Qualitäten des Mondes sind."

„Nun, dann sollen sich die Leser mal vorstellen, daß sie -3 Monate alt sind und sich noch im Bauch ihrer Mutter befinden: in der Wärme, schwerelos, sie brauchen nicht atmen, sie brauchen nichts essen ... sie sind einfach da und alles ist gut."

„Das ist das Urbild des Mondes?"

„So kannst Du die Qualitäten des Mondes am einfachsten begreifen."

„Ich würde gerne ein Mond-Bild sehen – also nicht nur mit Dir sprechen, sondern Deine Qualitäten auch sehen."

Ich sehe sofort eine Landschaft: Ich stehe auf einem kleinen Hügel und sehe vor mir eine Ebene mit kleinen Teichen, Schilf, Grasflächen ... es ist dämmerig, der halbe zunehmende Mond steht ein Stückweit über dem Horizont ... in der Ferne kann ich das Meer spüren ... das ist Marschland vor mit und ich stehe am Rande des Geest-Landes ...

Das erinnert mich an die stillgelegte Sandgrube, in der ich meine Isis-Rituale durchgeführt habe und es erinnert mich auch an die Szenerien in den beiden Romanen 'The Sea-Priestress' und 'Moon-Magic' von Dion Fortune.

Was ist hier wichtig?

Ich sehe Isis am Horizont – ihr Oberkörper ragt aus dem Meer empor und der Mond steht über ihrem Kopf ... diese Szene habe ich einmal für eine Freundin an ihre Zimmerwand gemalt – das ist lange her ...

„Was ist das Wichtigste, was Du mir und den Lesern dieses Buches zeigen kannst, Mond?"

Ich sehe ein milchigweißes Leuchten – das ist Lebenskraft ... ein Lebenskraftkörper? ... ja – und jetzt sehe ich auch die Chakren und die Nadis ...

„Ist die eigene Lebenskraft das wichtigste Mond-Element für einen Menschen?"

„Was sonst?"

„Hm, ja ... was sonst ... Vielleicht die Muttergöttin?"

„Was gibt sie Dir? Lebenskraft. Womit ist bist Du mit ihr verbunden? Mit der Lebenskraft-Nabelschnur, mit der Silberschnur."

„Hm – möchtest Du mir noch etwas sagen oder zeigen, Mond?“
„Nein – das reicht für einen ersten Eindruck.“
„Danke Mond! ... Ho!“

Merkur

„Merkur – magst Du Dich den Lesern dieses Buches vorstellen?“
„Ahh – Du bist lernfähig. Wirst aufrichtiger – sehr schön. Also, daß die Leser lesen, ist ja schon mal ganz gut. Das ist merkurisch oder hermisch.“
„Hermisch? Hermes-artig?“
„Ja.“
„Und daß Du gerne spielst, Merkur, haben jetzt auch schon alle gemerkt.“
„Und – spielt ihr auch alle gerne? So ganz ohne vorgegebenes Ziel? So ganz ohne Wettkampf? Einfach ausprobieren? So lernt man die Welt kennen.“
„Ist das nicht eher Mond?“
„Mond ist das Erleben – ich betrachte das Erlebnis und schaue, was man damit alles noch machen kann.“
„Ah, ja ... Magst Du mir Bilder zu Deinem Wesen zeigen?“
Ich sehe Zahnräder, Konstruktionszeichnungen, Zahlentabellen ...
„Sag mal, Merkur – das sieht aber sehr nach meinem Merkur in der Jungfrau aus und nicht nach 'Merkur an sich' ...“
„Wenn Du irgendwo hinschaust, siehst Du immer zuerst einmal Dich in dem, was Du siehst.“
„Hm – und was würde ich sehen, wenn ich meine subjektive Brille abnehmen würde?“
Ich sehe Hermes ... nackt, mit Hermesstab, mit Flügelhelm, Flügelschuhen ... und mit diesem listigen Grinsen, das zeigt, daß er wieder eine Idee gehabt hat und vermutlich wieder seinen Bruder Apollon ärgern wird ...
„Magst Du mir noch etwas sagen oder zeigen, Merkur?“
„Ach – das reicht erst mal ... wenn jemand noch mehr wissen will oder gar Listen lernen will, dann soll er selber zu mir kommen.“
„Danke, Merkur. ... Ho!“

Venus

Ich gehe diesmal anders vor und betrete innerlich das 'Reich der Venus' durch eine Tür, auf die mit grüner Farbe das Symbol der Venus gemalt ist.

Ich sehe eine Park- und Garten-ähnliche Landschaft, Bäche, Weiden, gepflegte Wege, Blumenrabatten, Laubengänge, steinerne Statuen – es wird ein bißchen barock, aber es fühlt sich lebendiger und anmutiger an ... es hat auch etwas Romantisches, aber ohne kitschig zu sein.

Wo ist hier das Wichtigste? ... Hm, nach da hinten links um den Teich, an der eine Trauerweide steht, soll ich gehen. Gut ... ... da ist eine kleine Wiese mit Blumen ... ist hier irgendwo die Venus?

Ich sehe einen grünen Kristall ... kein Smaragd ... vielleicht ein Turmalin? ... Aber er fühlt sich Venus-artiger an als Turmaline ... Na, egal – was ist mit dem Stein? ... Ich soll ihn mir auf den Wunschbaum legen, also auf das Nebenchakra zwischen Herzchakra und Sonnengeflecht ... das paßt, da hier die Identität zu Wünschen wird ...

Das fühlt sich belebend an ... so als ob ich mit Schönheit erfüllt werden würde ... fast als ob ich zu einer Blüte werden würde ... ich rieche den Duft von Rosen und Jasmin ... die Farben sind sehr intensiv und lebendig ... das ist eine Qualität wie 'harmonische Entfaltung in Schönheit' ... ja, so könnte man es nennen ... aber es berührt gleichzeitig alle Sinne und umschmeichelt sie ... klingt vielleicht kitschig, aber so kann ich es am besten beschreiben ... es ist wie von Düften erfüllt werden – so als ob ich sie trinken würde ... Duft von Rosen und Jasmin ...

Das ist Genuß pur!

„Willst Du mir etwas sagen oder zeigen, Venus?“

„Was willst Du denn gesagt oder gezeigt bekommen?“

„Schönheit.“

„Du willst mich nackt sehen?“

„Ehm ...“

„Na komm schon – sei nicht schüchtern ...“

Ich gehe zu ihr, also auf ihre Stimme zu und da erscheint sie auch vor mir ... Sie ist eigentlich nicht verführerisch, obwohl sie eine erotische Ausstrahlung hat – sie ist einfach schön ... ein anderes Wort paßt nicht dafür ...

„Deine Schönheit stillt einen Durst in mir, der mir gar nicht mehr bewußt gewesen ist, Venus.“

„Ja, das hast Du schon eine ganze Weile vernachlässigt.“

„Kannst Du mir mehr von dieser Schönheit in mein Leben bringen, Venus?“

„Nichts lieber als das!“

„Danke, Venus! Dann wird mein Leben wieder viel lebendiger werden!“

Sie lächelt.

„Danke Venus! Danke. ... Ho!“

Sonne

„Sonne – magst Du mir etwas sagen oder zeigen? Für mich und für die Leser dieses Buches?“

„Nein.“

„Nein? Warum nicht?“

„Keine klare Motivation.“

„Hm ... ja, das verstehe ich.“

„Soll ich Dir das zeigen, was Du gerade brauchst?“

„Ja, gerne.“

Ich sehe mein eigenes Herzchakra ... es leuchtet, aber nur verhalten, also nicht so richtig.

„Warum ist das so, Sonne?“

„Weil Du Angst hast.“

„Angst blockiert das Herzchakra?“

„Natürlich.“

„Und was kann ich da tun? Oder was kannst Du da tun? Und wovor habe ich Angst? Ich kann da eigentlich nichts wahrnehmen ...“

„Das ist noch immer der Nachklang aus Deiner Kindheit – da hattest Du Deinen Selbstausdruck fast ganz abgeschaltet.“

„Hm, ja ... Prügel zuhause, keine Vertrauen, elf Jahre Prügel in der Schule ... Aber ich dachte, daß ich das inzwischen geheilt hätte ... stimmt das etwas nicht?“

„Du hast viel erreicht, aber Du bist noch nicht fertig damit.“

„Und was fehlt? Was kann ich tun? Was kannst Du tun?“

„Du könntest leuchten und Dich selber toll finden und Dich zeigen.“

„Ja, das 'mich-zeigen' vermeide ich. Als Magier in einem Ritual oder als Harfner bei einer Hochzeit – das ist o.k. Aber als Harry in einer Gruppe von Menschen? Das fällt mir noch immer schwer. Was tun?“

„Laß mich machen.“

„Ja, gut. ... Komisch, daß ich nichts tun muß ...“

„Du tust schon viel, aber Du kannst noch Hilfe brauchen.“

„Ja, das stimmt.“

Ich warte, was geschieht ... ... Es kommt so etwas wie ein massiver Sonnenstrahl von schräg oben, der in mein Herzchakra knallt und eine Art schwarze Kruste wegsprengt ... ... Mein Herzchakra wird immer heißer, es wird geradezu zu einem Sonnenchakra ... ... das heiße Sonnenlicht sprengt auch nach oben und nach unten und bildet die Sushumna, den senkrechten Strahl, der die sieben Hauptschakren verbindet ... ...

„Zeige Dich und tue genau das, was Du willst. Sage 'nein', wenn Du etwas nicht willst, und sage 'ich will das', wenn Du etwas willst. Zeige Dich vollkommen unverstellt. Und höre auf, das Verlassenwerden zu fürchten – nur das, was wirklich echt ist in Dir und das, was dem im Außen entspricht, ist es wert, erlebt zu werden."

„Ja, das sage ich immer wieder anderen."

„Und beherzt es selber nicht."

„Das war mir nicht so deutlich, Sonne."

„Ich weiß."

„Kannst Du mir ein Zeichen geben, daß Du mir wirklich hilfst und daß das nicht nur innere Bilder sind?"

„Ja."

„Bald?"

„Ja."

„Danke, Sonne! Vielen Dank! ... Ho!"

Mars

Ich gehe innerlich durch eine Tür, auf die mit roter Farbe das Mars-Symbol gemalt ist. Ich komme in einer kargen, wilden Landschaft an – sie sieht so ähnlich aus, wie die Landschaften auf den Tierkreis-Gemälden 'Widder' und 'Skorpion' von Johfra. Ich sehe Feuer, zackige Berge, Vulkane, kaum Vegetation, kaum Wasser ...

Wo ist hier das Wesentliche? Vorne, leicht nach links ... ich gehe dorthin. Ich muß über eine Brücke aus Felsen über eine Kluft, die jedoch nicht allzu tief ist ... Da ist eine Art Platz, auf dem der Boden glatter ist und auf dem keine Steine und Felsen liegen – er fühlt sich wie eine Art Arena an.

„Mars – bist Du hier?"

„Rufe das Feuer in der Mitte des Platzes."

„Ja, gut."

Ich gehe in die Mitte des Platzes und rufe innerlich das Feuer. Feuer flammt aus dem Boden auf – viele kleine Feuer in einem Kreis rings um mich ... es müssen ungefähr 28 Feuer sein – komisch, das ist doch auch die Anzahl der Mond-Steine in Stonehenge ...

„Und nun?"

„Warte."

„Gut."

Die Feuer verbinden sich zu einer Waberlohe, d.h. zu einem kreisförmigen Wall aus

Flammen.

„Und nun?“

„Warte.“

Von der kreisförmigen Feuerwand gehen Flammen-Strahlen aus – sie sind wie Speichen eines Rades und ich stehe in der Mitte ... ich bin sozusagen die Nabe dieses Feuer-Rades ...

„Warten?“

„Ja.“

Ich bekomme den Drang zu tanzen.

„Dann tanze!“

Ich beginne zu tanzen ... die Bewegungen sind zuerst orientalisch-schlangenhaft und werden dann immer mehr afrikanisch-stampfend ... ich singe, schreie, brülle beim Tanzen – das habe ich in echt noch nie gemacht ... das befreit ... das ist auch ein bißchen chaotisch ... jetzt bekommt das Stampfen und das Brüllen denselben Rhythmus – ganz gleichmäßig ... was passiert da?

Jetzt kommt auch von unten Feuer ... Ist das eine Kundalini-Invokation? Oder eine Anrufung des Erdfeuers? Wo ist da der Mars?

Jetzt sehe ich den Mars – einen roten, starken Mann ... obwohl ich ihn sehe, kann ich nicht genau sagen, wo er ist – ach so, das sind zwei Bilder, die einander überlagert sind ...

Der Mars hält ein Schwert ... ein flammendes, nein glühendes Schwert ... hat das eigentlich Hephaisthos geschmiedet? Nunja, wer sonst?

„Mars – was ist hier zu tun?“

„Das, was Du willst.“

Was ich will?

„Ich will meinen Mars und mein Halschakra heilen.“

„So sei es.“

Ich kann mein Halschakra spüren – aber nicht den Schmerz, den ich vom Meditieren her kenne.

„Kommt da noch was, Mars?“

„Natürlich kommt da noch was, aber nicht jetzt, sondern zur passenden Zeit.“

„Danke, Mars. ... Ho!“

Jupiter

„Jupiter – was kannst Du uns sagen, was uns hilft?“

„Daß ihr euer Leben selber in die Hand nehmen solltet. Bestimmt selber, was ihr leben wollt und wie ihr leben wollt, was ihr genießen könnt und was ihr erleben wollt.

Und dann organisiert das.“

„Hm, ja – das klingt nach Jupiter ... aber gibt es vielleicht etwas Spezielleres, was Du uns noch sagen könntest?“

„Das Speziellere kann ich nur Einzelnen sagen und das Allgemeine auch allen. Aber ich weiß, was Du willst: Du willst mich besser kennenlernen und am liebsten das Geheimnis meines Erfolges kennen – stimmt's?“

„Hm, ja – ich hätte es nicht so klar ausdrücken können, aber das kommt dem ziemlich nahe.“

„Geselle Dich zu Menschen mit ähnlichen Zielen. Schaue genau, was Menschen wollen und welche Fähigkeiten sie haben – und dann nutze die Wege, die sie gehen, auch für Deine Zwecke.“

„Das klingt wie Ausnutzen, aber ich vermute, daß Du das nicht meinst, oder?“

„Ich meine die Fähigkeit, Menschen von ihren Zielen und Fähigkeiten her zu koordinieren – dann haben alle etwas davon, denn gemeinsam kommen sie weiter als alleine.“

„Das verstehe ich. Gibt es noch mehr?“

„Weitblick. Siehe zu, daß Du Gesamtentwürfe machst – die müssen nicht detailliert festgelegt sein, aber Du brauchst ein klares Bild von den wünschenswerten Qualitäten in Deinem Leben und von Deinen eigenen Qualitäten. Nutze diese Fähigkeiten, um zu den wünschenswerten Qualitäten zu gelangen.“

„Und wie man dann dorthin gelangt, entscheidet man unterwegs?“

„Es ist egal, wie Du Entscheidungen triffst – im Augenblick oder Fünfjahrespläne. Wichtig ist, daß Du die erstrebenswerte Qualität kennst, damit Du nicht in eine falsche Richtung gehst, und daß Du Deine Fähigkeiten kennst, denn nur wenn Du Deine Stärken benutzt, wirst Du weit kommen. Das Fehlende ergänzen dann die anderen, mit denen Du im Erreichen eurer Ziele zusammenarbeitest.“

„Ist diese Kooperation jetzt ein Teil Deines Zieles oder Deiner Fähigkeiten, Jupiter?“

„Deine Ziele und Deine Fähigkeiten entsprechen sich – sie werden beide durch Dein Horoskop beschrieben. Das solltest Du als Astrologe eigentlich wissen.“

„Ja, das weiß ich auch – aber gilt das denn für Planeten-Götter genauso wie für Menschen?“

„Ich will das, was ich bin; ich kann das, was ich bin; ich bin das, was ich will – warum sollte es irgendeinen Widerspruch in mir geben?“

„Hm – so habe ich das noch nicht betrachtet, aber das leuchtet mir ein. ... Gibt es noch etwas, was Du mir sagen möchtest, Jupiter?“

„Dir?“

„Uns.“

„Ihr werdet nur gedeihen, wenn ihr euch kennt; und ihr werdet nur erfolgreich sein, wenn ihr euch treu seid; und euer Leben wird nur einfach sein, wenn ihr euch auf

eure Stärken verlaßt.“
„Danke, Jupiter!“
„Bitte.“
„Ho!“

Saturn

Ich gehe durch eine Tür mit dem schwarzen Symbol des Saturns auf ihr. Ich sehe eine karge, felsige, dunkle Landschaft – so wie man sich Saturn halt vorstellt ...

Wo ist hier das Wichtige? Wieder links vorne? Nein – diesmal ist es rechts vorne. Da ist eine riesige Gestalt, von der ich nur den Oberkörper sehe und deren Kopf bis in den Himmel ragt.

„Saturn?“

„Nein.“

„Wer bist Du dann? Und warum bist Du da? Bist Du ein Wächter?“

„Ja.“

„Und was bewachst Du?“

„Das mußt Du wissen.“

„Hm – wie im ägyptischen Totenbuch, wo man nur weiterkommt, wenn man die Namen aller Wesen und Dinge kennt?“

„Angeber! Und außerdem ist es falsch.“

„Ähh ... Wer bist Du?“

„Der Wächter.“

„Hm ... Du bewachst offenbar etwas, was zum Saturn gehört, denn sonst wärst Du ja nicht hier.“

„Immerhin kannst Du denken.“

„Danke für das Kompliment. ... Und es muß wichtig sein, d.h. sozusagen groß ... Was ist im Bereich des Saturns wichtig und groß und wird bewacht und ist für mich von Bedeutung? Das kann eigentlich nur meine Erinnerung an mein ganzes Leben sein und sekundär auch mein Weltbild, das sich daraus ergeben hat. Also bewachst Du das, was man bei seiner Saturn-Phase mit 28 Jahren, mit 56 Jahren und mit 84 erlebt?“

„Ja.“

„Hm – Du bewachst es vermutlich nicht, weil ich es nicht sehen darf. Schließlich ist das ja sozusagen meine eigene vollständige Biographie. Stimmt das so?“

„Ja.“

„Spannend ... Ich wundere mich nur, daß ich gerade hier im Saturn-Bereich Sherlock Holmes spiele und nicht im Merkur-Bereich ...“

„Was macht Sherlock Holmes? Spielt er merkurisch mit Dingen herum und jongliert er? Oder schaut er die Dinge saturnisch-genau an und erkennt deshalb ihr Wesen?“

„Hm, Sherlock Holmes ist also saturnisch ... das ist mir noch nie aufgefallen ... Aber weiter: Wenn Du meine eigene Biographie-Erinnerung vor mir selber verbirgst, obwohl sie mir gehört, dann habe ich eine Berechtigung sie zu sehen. Da es für eine Planeten-Gottheit keinen Grund gibt, mich gezielt zu ärgern, mußt Du mich wohl schützen.“

„Präzise, mein lieber Watson!“

„Dann stellt sich vor allem die Frage, wann und wie ich mir das ansehen sollte, was Du bewachst. Das kann es eigentlich nur der ernsthafte Wunsch nach Selbsterkenntnis sein, wegen dem Du mich passieren lassen würdest. Richtig?“

„Ja.“

„Nun, dann bin ich ja gerade richtig hier, auch wenn ich mir das nicht für heute Abend vorgenommen hatte. Ich nehme an, daß es möglich ist, nicht das Ganze auf einmal zu sehen, sondern nur das Detail, das gerade jetzt für mich nützlich ist?“

„Ja.“

„Hm, das ist so ähnlich wie die Halle in Chesed, in der ich einmal mit meinem Freund Jörg gewesen bin, und wo ich mir meine früheren Leben habe anschauen können. Nur daß Du nur die Erinnerungen aus meinem jetzigen Leben bewachst. ... Gut – was muß ich tun, um mich jetzt an ein nützliches Detail aus meinem Leben erinnern zu können?“

„Komme zu mir und gehe an mir vorbei.“

„So einfach? ... Ja, gut.“

Ich gehe nach rechts vorne.

„Komisch – liegt die Vergangenheit auf Traumreisen nicht immer links? Aber Du stehst rechts. Heißt das, daß Du meine Zukunft bewachst? Das würde bedeuten, daß Du gar nicht etwas vor mir bewachst, sondern daß Du ein Helfer bist, der mir hilft, meine Erinnerungen dazu zu benutzen, meine Zukunft sinnvoll zu gestalten. Nunja – wozu sonst sind Erinnerungen denn auch da? Sie haben die Lernfähigkeit ermöglicht.“

Ich gehe an der Gestalt vorüber – auf der rechten Seite von ihr. ... Ich sehe eine trostlose Landschaft ... sie fühlt sich 'hohl' an ... Leere ... innere Leere ... das kenne ich ... und irgendwo ist hier auch der 'Tränensee' mit dem ich im Alter von 20 Jahren ständig zu tun hatte ...

„Saturn – kannst Du mich zu dem leiten, was mir gerade weiterhilft?“

„Gehe geradeaus und schaue dann, was in der Erde liegt.“

„Da liegen Briefe – Briefe, die ich geschrieben habe, und Briefe, die ich erhalten habe – mein Briefwechsel mit meiner ersten Freundin ... Warum gerade die?“

„Wie ist das geendet?“

„Trennung."
„Und? Ist diese Stelle in Deiner Biographie heil?"
„Nein."
„Und?"
„Was ich nun tun kann? ... Kannst Du das heilen? Hm – vermutlich nicht ..."

Ich bitte einfach die Heilung, vor mir zu erscheinen ... Ich sehe meine damalige Freundin ... ich spreche mit ihr ... uns ist unsere damalige Hilflosigkeit im Umgang mit unseren Verschiedenheiten deutlich ... wir umarmen uns – da ist kein Groll mehr, sondern Dankbarkeit für die Begegnung ...

Das tut gut. Ich glaube, das war tatsächlich das, was ich gerade gebraucht habe.

„Wächter? Bist Du eigentlich der Saturn?"
„Sagen wir, ich bin ein Aspekt von ihm."
„Hm, ja ... Danke, Saturn!"
„Bitte."
„Ho!"

Uranus

„Uranus – magst Du uns etwas sagen oder zeigen?"
„Wer bist Du?"
„Harry."

... ...

„Warum schweigst Du, Uranus? Und warum antwortest Du auf meine Frage mit einer Gegenfrage?"

„Willst Du das Neue oder nicht?"
„Ich will verstehen."
„Also willst Du das Alte."

„Hm – entsteht das Neue nicht aus dem Alten? Es ist doch noch immer dieselbe Welt, nachdem Du in ihr aktiv geworden bist."

„Schwätzer."
„O.k. – das war die Logik des Merkur und nicht Deine Intuition."

Ich schaue in den Bereich des Uranus. Dort sind futuristische Formen, helle Lichter, hellblaue Lichtstreifen, da ist eine hohe Intensität, das sind plötzliche Bewegungen, Blitze ... Raumschiffe? ...

„Gib mir mal einen Schubs in die richtige Richtung, Uranus! Ja?"

Ich fliege nach rechts vorne und leicht nach unten und lande auf einer Plattform. Plastik? Metall? Ich kann nicht so recht sagen, woraus sie besteht, aber es ist auf jeden Fall etwas Technisches.

Was ist hier das Wesentliche? ... Der Sprung hierhin war das Wesentliche? Der Sprung ins Unbekannte? Sollte ich in meinem Leben vielleicht derzeit ein paar solcher Sprünge machen? Oder wir alle? ... Hm – auch das scheint man im rechten Maß tun zu sollen ...

„Hast Du vielleicht noch etwas, Uranus, was uns Dein Wesen deutlicher machen kann?“

Ich sehe ihn zwar nicht, aber er reicht mir ein technisches Gerät, eine Art Stab.

„Wozu ist der gut?“

„Schwinge ihn hin und her.“

Ich komme mir ein bißchen komisch vor, aber ich folge der Anleitung. ... Der Stab leuchtet ... Und nun? ...

Ich höre Uranus lachen: „Nichts!“

„Du scheinst auch der Schalk unter den Planeten zu sein ...“

Er lacht weiter über mich ...

„Ja gut, das ist mir jetzt ein wenig deutlicher als zuvor, Uranus. ... Danke! ... Ho!“

Neptun

„Neptun, magst Du uns etwas sagen oder zeigen?“

„Zeigen.“

„Wie?“

„Schau einfach.“

„O.k.“

Hm ... ich sehe nicht so recht etwas ... astronomische Aufnahmen des Neptuns, violette Farben ... ... ich gehe mal durch das Neptun-Symbol hindurch ... ... ich sehe eine Landschaft, felsig, wieder viel Violett ... irgendwo da ist auch Neptun selber als Gott ... jetzt sehe ich ihn – rechts vorne ... Ich gehe zu ihm ... er ist groß, ich kann ihn nicht genau erkennen – er trägt so etwas wie eine fremdartige Krone, seine Kleidung ist blau und violett ... das wirkt alles sehr fremdartig ...

„Neptun?“

„Ja?“

„Kannst Du uns etwas sagen oder zeigen, was uns Dein Wesen deutlicher macht?“

Ich sehe ein Szepter, das auch dasselbe fremdartige Aussehen hat – völlig ungewohnte Formen und auch wieder hauptsächlich Violett ... vieles erinnert an Korallen – Neptun ist ja auch der Meeresgott ...

„Was kann dieses Szepter?“

„Nimm es in die Hand.“

„O.k.“

Ich nehme das Szepter in die Hand. Von dem Szepter aus strömt etwas in mich – wie kann man das beschreiben? Dieses 'Etwas' ist wieder violett, es verbindet, da ist auch etwas Grün, es gestaltet, es harmonisiert, es schafft Schönheit und Weite ...

„Neptun – ist das 'Neptun in der Waage' wie in meinem Horoskop?“

„Ja.“

„Kannst Du uns auch den 'Neptun an sich' zeigen?“

Ich sehe den Planeten vor mir – blau mit stellenweise einem Hauch von grün und darüber weiße Wolken ...

„Die Qualität des 'Neptun an sich' habe ich noch nicht erkannt ...“

„Geh in ihn hinein.“

„Hm ... ja, gut.“

Ich fliege auf den Planeten zu ... durch die dicke äußere Gasschicht ... dann weiter innen durch die Eisschicht und schließlich zu dem Kern des Planeten, auf den aus der Eisschicht heraus Diamanten niederregnen, die sich aus dem Kohlenstoff in der Eisschicht bilden ... aber was ist die Qualität hier? ...

Wenn das eine Analogie zu dem Aufbau des Planeten sein sollte, wäre es der harte Gesteins-Kern als der feste eigene Standpunkt, der außen erst von Eis halb-fest umhüllt wird und sich dann ganz außen formlos als Gas ausdehnt. Das Kohlenstoff-haltige Gas wird zu Eis und das Eis bildet Diamanten, die auf den Kern niedersinken.

Das entspricht der Grenzauflösung des Neptun als Grundeigenschaft, wobei das Gas teilweise zu Eis wird und das Eis teilweise zu Diamanten, die dann als dicke Schicht rings um den festen Gesteinskern liegen. Das bedeutet, daß der Neptun nicht nur eine grenzauflösende Bewegung nach außen hin hat, sondern auch eine Essenz-schaffende Wirkung nach innen hin. Der Kern des Neptun umgibt sich mit diesen Neptun-Essenzen. Das bedeutet, daß sich der Kern des Neptun mit den Essenzen seiner Umgebung umgibt.

Das klingt so wie die Wirkung des Yoga, der Magie und der Meditation: Man weitet sich und erlangt dadurch magische Fähigkeiten, die im Yoga 'Siddhis' genannt werden.

„Ist das passend, die Diamanten in Dir als magische Fähigkeiten aufzufassen?“

„Das ist richtig, aber unvollständig.“

„Hm – das sind auch Erkenntnisse über die Welt, oder?“

„Ja – vor allem über Deine eigene Verbindung zur Welt. Du erlebst Dich nicht mehr als von der Welt isoliert, nicht mehr abgegrenzt, sondern als Teil von ihr.“

„Und definiere mich nicht mehr über meine Grenzen, sondern über meine Qualität?“

„Ja – und dadurch handelst Du auch nicht mehr nur mit Deinem physischen Körper. Durch die Auflösung der Abgrenzung wird nach und nach auch die Welt zu Deinem Körper, den Du genauso direkt wahrnehmen und bewegen kannst wie Deinen physischen Körper.“

„Hm, das klingt vertraut. So was ähnliches habe ich auch schon mal gedacht. Das Bewußtsein dehnt sich aus und kann daher mehr als nur meinen eigenen Körper direkt wahrnehmen und auch andere Dinge direkt bewegen als nur meinen eigenen Leib. Ist das die Essenz von Telepathie und Telekinese?"

„Ja."

„Und die Diamanten sind eine Entsprechung zu allem in der Welt, zu dem mein Bewußtsein eine feste, bewußte Verbindung aufgebaut hat?"

„Ja."

„Das wären dann als erstes meine Seele, mein Krafttier, meine Kraftpflanze, mein Kraftstein und meine Schutzgottheit?"

„Ja, aber auch alle andere Dinge, denen Du Dich geöffnet hast wie den Planeten, der Göttin Isis, dem Geist der Eichhörnchen – diese Diamanten entsprechen vielen Dingen, nicht nur Deinen Dir angeborenen Verbündeten, die Du eben aufgezählt hast."

„Ja, das verstehe ich. ... Diese Diamanten sind ein Neptun-Aspekt, der mir neu ist – vielen Dank, daß Du mir das gezeigt hast, Neptun!"

„Bitte."

„Ho!"

Pluto

„Pluto?"

„Ja?"

„Magst Du Dich uns zeigen?"

„Dir? Sonst ist doch niemand da – und nur Lesen ist noch kein Erlebnis und noch keine Erkenntnis."

„Ehm, ja gut ... Wie geht das am besten?"

„Hole mich in Dein Herzchakra."

„Äh ... das ist aber eine heftige Methode – mein Herzchakra ist eigentlich der Tempel meiner Seele."

„Ich bin Pluto."

„Und Du machst keine halben Sachen – ich weiß. Aber da werde ich erst einmal meine Seele fragen, ob die das o.k. findet."

Ich tue das.

„Pluto – meine Seele meint, daß ich auch in Dein Herzchakra gehen kann."

„Wo ist da der Unterschied? In beiden Fällen gibt es dann keine Unterscheidung mehr zwischen uns."

„Hm – macht das den Pluto aus: Die Auflösung des Alten, die Verschmelzung mit

etwas anderem und die daraus entstehende Verwandlung? ... Das fühlt sich an wie das Pluto/Neptun-Sextil, das seit 1942 und noch weiter bis 2032 andauert – das 'Verschmelzen' klingt neptunisch."

„So ist es zur Zeit."

„Gut – dann gehe ich jetzt in Dein Herzchakra, Pluto. Ist das o.k., Pluto?"

„Gerne – warum nicht?"

„Gut."

Ich sehe den Planeten vor mir mit der großen weißen Herz-Form aus verschiedenen Arten von Eis. ... Und nun? ... Gut – ich tauche in den Planeten hinein. ... Dort ist viel Wasser – das haben die Astronomen ja schon vermutet. ... in der Mitte ist der Planet fest – er ist ja auch vor allem ein Gesteinsplanet. ... Hm – das fühlt sich an, als ob es da einen festen Kern gäbe, um den herum sich Wasser befindet, auf dem sich wiederum Eis gebildet hat, auf dem Gestein von Meteoriten liegt. Das klingt sehr fantastisch, aber das findet sich ja auch bei dem Eismond Enceladus des Saturns oder bei dem Eismond Europa des Jupiters.

Hm ... heißt das, daß Pluto einen festen Kern hat, der unabhängig von den äußeren Ereignissen auf der Eisschicht weiterbesteht, und daß Innen und Außen durch die Wasserschicht getrennt sind?

„Falsch."

„Fühlte sich auch komisch an. ... Ist auch der Aufbau des Pluto anders als ich es gesehen habe?"

„Die Wasserschicht ist kleiner – es ist eher eine 'wässrige Schicht'."

„Und was ist Dein Wesen?"

„Eismagie."

„Äh ... ist das jetzt eine Assoziation oder ist damit die Form der Magie gemeint, die mein 'Kollege' Frater V.D. so nennt?"

„Beides."

„O.k., das ist natürlich auch noch eine Möglichkeit. ... Aber so ganz versteh ich das noch nicht."

„Dann laß mich in Dein Herzchakra."

„Dahin habe ich noch nie irgendetwas anderes außer meiner Seele gelassen."

„Das ist Dein Problem. So wirst Du nie ein Teil der Welt werden."

„Das klingt jetzt wieder nach dem Pluto/Neptun-Sextil. Aber ich würde gerne den 'Pluto an sich' verstehen."

„Wie kannst Du etwas verstehen, das Du von Dir fernhältst?"

„Das ist formal gesehen schon logisch, aber das ist mir nicht so ganz geheuer. Darüber werde ich erst einmal noch ein bißchen nachdenken und in diesen Schritt hineinfühlen. ... Aber ich glaube, mir ist trotzdem etwas von Deinem Wesen klar geworden: Keine halben Sachen. Alles oder nichts. Endgültig. ... Ist das so?"

„Ja."

„Danke, Pluto. ... ... Ho!“

\- - -

Das Gute an diesen Traumreisen ist u.a., daß es so gut wie nie eine Traumreise gibt, in der man nicht etwas Neues entdeckt oder versteht.

Da man bei einer Traumreise zunächst einmal das eigene Unterbewußtsein betritt und von dort aus dann per Telepathie auch die Welt, d.h. das kollektive Unterbewußtsein wahrnimmt, treten in Traumreisen in den allermeisten Fällen auch sehr persönliche Dinge auf.

5. Planeten-Aufstellungen und Astrodrama

Man kann Familienaufstellungen auch mit dem eigenen Horoskop durchführen. Dafür zeichnet man sein Horoskop auf dem Fußboden auf. Das geht am einfachsten, indem man die Symbole der zehn Planeten auf je ein Blatt Papier malt und sie so in einem Kreis auf den Fußboden legt, wie sie auch im eigenen Horoskop stehen. Dabei sollte der Aszendent des Horoskops nach Osten zeigen. Das läßt sich am einfachsten durchführen, indem man das Horoskop-Formular des Betreffenden in die Zimmermitte legt und dann die Planeten-Papierbögen jeweils in einem Abstand von 1m davon entfernt auf den Boden legt.

Nun stellt man sich auf einen der Planeten und schaut, welche Impulse dabei in einem selber auftauchen. Diese Impulse kann man dann aussprechen oder durchführen. Auf diese Weise kann man die Planeten in dem eigenen Horoskop auf eine deutlich direktere Weise als nur durch Denken kennenlernen.

Vom Erleben her ähnelt diese Methode der Traumreise, nur daß man hier selber aktiv wird und nicht nur innerlich sieht und spricht.

Man kann die Horoskop-Aufstellung auch innerlich, d.h. als Traumreise durchführen. Dabei kann man sich die „Tafelrunde von König Artus“ vorstellen: Ein Kreisringförmiger Tisch, der in zwölf gleichgroße Teile gegliedert ist, die den zwölf Tierkreiszeichen entsprechen. Auch hier weist das Aszendentenzeichen wieder nach Osten, da der Aszendent das Tierkreiszeichen ist, das im Augenblick der Geburt gerade im Osten aufgegangen ist.

Dann lädt man die zehn Planeten ein, entsprechend des eigenen Horoskopes an dieser Tafel Platz zu nehmen. Man selber steht in der Mitte – an dem Platz des Regisseurs und der Seele.

Nun fragt man die Planeten, ob einer von ihnen etwas sagen möchte – meistens antworten dann gleich mehrere von ihnen. Es ist ratsam, letztlich jeden der zehn Planeten sprechen zu lassen, da es vorkommen kann, daß einer der Planeten in dem eigenen Leben zu sehr in den Hintergrund getreten oder gar verdrängt worden ist. Diesen Planeten und seine Probleme würde man übersehen, wenn man nicht jeden Planeten zum Sprechen auffordern würde.

Man selber steht dabei in der Mitte und hat die Aufgabe der Gesprächsleitung, also des Regisseurs. Man sorgt dafür, daß jeder zu Wort kommt und jeder jedem auch zuhört. Wenn es Konflikte gibt – die vor allem bei Halbsextilen, Quadraten und Quincunxen zwischen den Planeten auftreten – hat man die Aufgabe, kreative Lösungen zu finden, mit denen alle beteiligten Planeten zufrieden sind.

Auf diese Weise kann man seinen inneren Frieden wiederherstellen.

Diese astrologischen Aufstellungen lassen sich auch mit den „Planeten an sich“ statt mit den „Planeten im eigenen Horoskop“ durchführen. Dafür legt man dann einfach ein Blatt mit dem betreffenden Planetensymbol auf den Fußboden und stellt sich auf dieses Symbol.

Eine weitere Methode ist das sogenannte „Astrodrama“. Dabei konzentriert man sich z.B. auf den Mars und bewegt sich anschließend aus diesem Mars-Bild heraus, also „als Mars“. Wenn man sich danach dann auf die Venus konzentriert und sich dann aus diesem Venus-Bild heraus bewegt, wird man einen deutlichen Unterschied sehen und spüren. Hier ist der eigenen Kreativität keine Grenze gesetzt.

Man kann diese Methode auch mit einer Gruppe durchführen. So können sich z.B. alle auf den Jupiter konzentrieren und dann gemeinsam einmal „Ja“ und anschließend einmal „Nein“ sagen. Wenn man dies mit verschiedenen Planeten durchführt, wird der Charakter der Planeten wieder sehr deutlich werden.

Man kann auch einen anderen Ansatz wählen und die Gruppe nach den Sonnenzeichen-Planeten aufteilen: alle Krebse (Mond) in eine Gruppe, alle Löwen (Sonne) in eine Gruppe, alle Zwillinge und Jungfrauen (Merkur) in eine Gruppe, alle Stiere und Waagen (Venus) in eine Gruppe usw. Dann kann man jede dieser Gruppen einen Schritt vortreten lassen, ein imaginiertes Hindernis fortstoßen und dabei „Nein!“ rufen lassen. Die Unterschiede zwischen den einzelnen Gruppen sind mehr als deutlich.

Man kann die Gruppen auch einmal in die Höhe springen lassen, sich als Gruppe umarmen lassen, einmal durch den Raum gehen lassen usw.

Mit diesen Methoden, die fließend ineinander übergehen und auch zur Traumreise hin nur unscharf abgegrenzt sind, kann man die Planeten-Qualitäten auf eine sehr einfache und vor allem nicht verstandesmäßige Weise erfassen.

6. Planeten-Hexagramme

Eins der wichtigsten rituellen Hilfsmittel, um die Qualität eines Planeten herbei zu rufen bzw. Lebenskraft mit der Qualität eines Planeten zu prägen, sind die Planeten-Hexagramme.

Diese Hexagramme sind entweder von dem Orden des Golden Dawn entworfen oder von ihm das erste Mal in größerem Umfang benutzt worden. Es finden sich bei ihm allerdings nur die Hexagramme der sieben klassischen Planeten, also Mond bis Saturn. Die drei neuentdeckten Planeten fehlen hingegen.

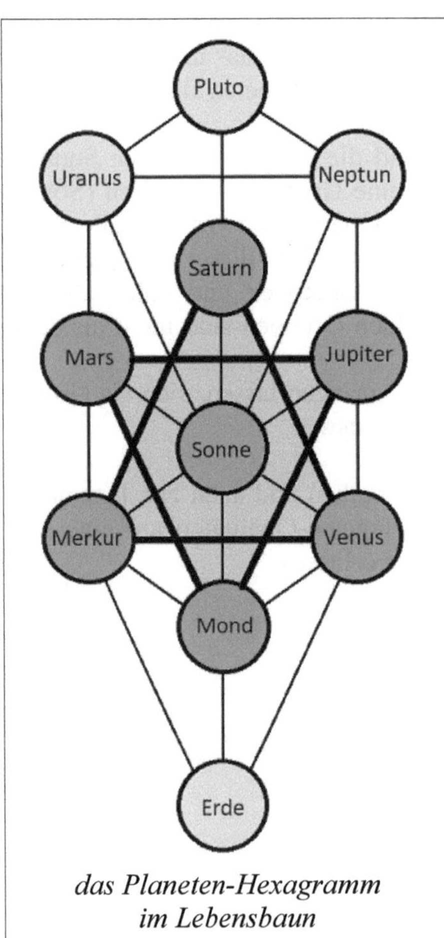

das Planeten-Hexagramm im Lebensbaun

Die Planeten-Hexagramme werden dabei imaginativ und mit einer Geste in der Luft imaginiert. Dabei wird das Symbol des betreffenden Planeten in der Mitte des Hexagramms gezeichnet. Sowohl während des Zeichnens der beiden Dreiecke des Hexagramms als auch des Planeten-Zeichens werden hebräische Gottesnamen gesungen, d.h. intoniert und vibriert – so ähnlich wie im Gregorianischen Gesang.

Die Gottesnamen stammen aus dem kabbalistischen Lebensbaum, auf dem die Planeten angeordnet sind.

Auch die Anordnung der Planeten auf dem Hexagramm ist von dem kabbalistischen Lebensbaum abgeleitet worden – die sieben klassischen Planeten bilden auf dem Lebensbaum ein Hexagramm.

Über diesem Hexagramm befindet sich das Dreieck mit den drei äußeren, transsaturnischen Planeten.

Unter dem Hexagramm findet sich die Erde als der Bezugspunkt der Planeten in der Astrologie.

Die zehn Gottesnamen, die im Alten Testament als Bezeichnung für Gott Vater vorkommen, sind den zehn „normalen" Kugeln („Sephiroth") auf dem Lebensbaum zugeordnet worden – die Kugel mit dem Namen „Da'ath", also die Kugel, in der sich der Saturn befindet, stellt die Brücke zwischen Diesseits und Jenseits dar und hatte früher keine Gottesnamens-Zuordnung. Ihr ist eine neue Namens-Kombination zugeordnet worden.

Diese Gottesnamen werden auch bei dem Imaginieren der Planeten-Hexagramme verwendet.

Es gibt noch viele weitere Namens-Zuordnungen zu den Sephiroth, von denen in aller Regel jedoch nur noch die Namen der Erzengel im Zusammenhang mit den Planeten-Hexagrammen verwendet werden. Ein Erzengel der Sephirah Da'ath ist nicht bekannt – wenn man möchte, kann man an ihrer Stelle einen der Hüter der Schwelle wie Petrus, Janus o.ä. anrufen.

Der Zuordnungen zu den Sephiroth (Kugeln) des Lebensbaumes sehen wie in der folgenden Übersicht aus. Der Name „Yod-He-Vau-He" wird oft auch einfach „YHVH" geschrieben.

Planeten-Zuordnungen				
Planet	***Sephirah***	***Gottes-Name***	***Erzengel-Name***	***Chakra***
Pluto	Kether	Eheieh	Metatron	(kollektives Unterbewußt-sein)
Neptun	Chokmah	Yah	Ratziel	
Uranus	Binah	Yod-He-Vau-He	Zaphkiel	
Saturn	Da'ath	Yod-he-Vau-He Elohim	(Janus, Petrus)	Scheitelchakra
Jupiter	Chesed	El	Zadkiel	Drittes Auge
Mars	Geburah	Elohim Gibor	Samael	Halschakra
Sonne	Tiphareth	Yod-he-Vau-He Eloah va-Da'ath	Michael	Herzchakra
Venus	Netzach	Yod-he-Vau-He Tzabaoth	Haniel	Sonnengeflecht
Merkur	Hod	Elohim Tzabaoth	Raphael	Hara
Mond	Yesod	Schaddai el-Chai	Gabriel	Wurzelchakra
Erde	Malkuth	Adonai ha-Aretz	Sandalphon	(Körper)

Die einzelnen Planeten-Hexagramme werden wie in der folgenden Übersicht angegeben durchgeführt. Die Zahlen (und Pfeile) an den beiden Dreiecken des Hexagramms und an dem Planeten-Symbol geben an, in welcher Reihenfolge (und Richtung) die Symbole in die Luft gezeichnet und imaginiert werden und welche Namen dabei gesungen werden.

Für Uranus, Neptun und Pluto gibt es keine „klassischen Anleitungen", sodaß man sich mit einer eigenen Konstruktion behelfen muß:

- Das Uranus-Hexagramm kann man, da der Uranus die höhere Oktave des Merkur ist, wie das Merkur-Hexagramm zeichnen, aber dabei den Gottesnamen „Yod-He-Vau-He“ von Binah benutzen, da Uranus dieser Sephirah zugeordnet ist.

- Das Neptun-Hexagramm kann man, da der Neptun die höhere Oktave der Venus ist, wie das Venus-Hexagramm zeichnen, aber dabei den Gottesnamen „Yah“ von Chokmah benutzen, da Neptun dieser Sephirah zugeordnet ist.

- Das Pluto-Hexagramm kann man, da der Pluto die höhere Oktave des Mars ist, wie das Mars-Hexagramm zeichnen, aber dabei den Gottesnamen „Eheieh“ von Kether benutzen, da Pluto dieser Sephirah zugeordnet ist.

Die Planeten-Hexagramme sehen wie folgt aus:

Die Planeten-Hexagramme		
Planet	***Hexagramm***	***intonierte Namen***
MOND	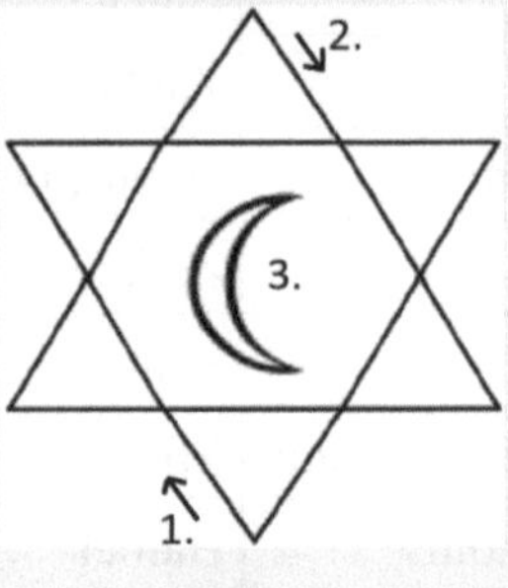	1. „Schaddai“ 2. „el-Chai“ 3. „Ararita“
MERKUR		1. „Elohim“ 2. „Tzabaoth“ 3. „Ararita“

VENUS	2. → 3. ← 1.	1. „YHVH“ 2. „Tzabaoth“ 3. „Ararita“
SONNE	1. 3. 2.	1. „YHVH“ 2. „Eloah va-Da'ath“ 3. „Ararita“
MARS	1. → 3. ← 2.	1. „Elohim“ 2. „Gibor“ 3. „Ararita“
JUPITER	1 3. 2	1./2. „El“ 3. „Ararita“

SATURN		1. „YHVH“ 2. „Elohim“ 3. „Ararita“
URANUS		1. „Yod-He-“ 2. „-Vau-He“ 3. „Ararita“
NEPTUN		1. / 2. „Yah“ 3. „Ararita“
PLUTO		1. „Ehei-“ 2. „-eh“ 3. „Ararita“

Man kann diese Planeten-Hexagramme auf viele verschiedene Weise benutzen. Im Folgenden sind nur einige Beispiele aufgeführt:

- als Tür für eine Traumreise

- als Gravur auf einem Talisman

- zum Ziehen über einem Talisman: Das Hexagramm wird in der Luft über dem Talisman gezogen und dabei imaginiert. Dabei stellt man sich vor, daß die Planeten-Qualität aus dem Hexagramm in den Talisman fließt. Die fließende Lebenskraft kann man in der Farbe des Planeten imaginieren.

- als einzelnes Hexagramm, um einen Ort zu weihen

- als sieben Hexagramme, um einen Ort zu weihen: Osten, Süden, Westen, Norden, oben, unten, Mitte

- als Tattoo (Weihung des eigenen Körpers)

- als Kraft, mit deren Hilfe man einen Wunsch auflädt, den man dann aussendet

- als Merkur-Weihung des Schreibtisches, an dem man für eine Prüfung lernt,

- als Jupiter-Weihung für das Büro des Leiters eines Unternehmens,

- als Mars-Weihung für ein Werkzeug oder eine Waffe,

- als Mond-Weihung für einen neugegründeten Kindergarten,

- als Weihung eines Zaubertranks, der dann anschließend die Qualität des betreffenden Planeten besitzt und in den verschiedensten Zusammenhängen ähnlich einem homöopathischen Mittel benutzt werden kann,

- als Vorbereitung für die Anrufung einer Gottheit, die mit dem Planeten verwandt ist

- als Teil eines Sephirah-Rituals

- als Teil eines Einweihungsrituals, dessen Stufen sich auf den kabbalistischen Lebensbaum beziehen

- usw.

7. Planeten-Talismane und Götter-Statuen

Ein Talisman oder Amulett ist ein Gegenstand, der eine bestimmte Qualität enthält und diese Qualität in dem Leben des Trägers dieses Gegenstandes verbreitet. Man kann daher einen solchen Gegenstand in etwa wie eine technisch-abstrakte Version einer Götterstatue auffassen.

Es besteht kein Unterschied zwischen einem Amulett und einem Talisman. „Amulett“ ist lateinisch und bedeutet „Schutz“, während „Talisman“ griechisch ist und „geweihter Gegenstand“ bedeutet.

Das Wesentliche an einem solchen Gegenstand ist seine Weihung, durch die er eine Verbindung zu einer Gottheit erhält und magisch aktiv wird.

In der Regel wird ein solcher Gegenstand so hergestellt, daß er auch von seiner materiellen Seite her der ausgewählten Gottheit entspricht. Auch hierin gleicht ein Talisman/Amulett einer Götterstatue. Daher kann ein solcher Gegenstand auch eine kleine Götter-Statuette sein, die man an einer Kette um den Hals oder in seiner Tasche bei sich trägt.

Eine Statue steht im Gegensatz zu einem Talisman/Amulett in der Regel an einem festen Platz auf einem Altar, in einem Tempel, an einem religiös geprägten Ort o.ä. Im Wesentlichen sind beide jedoch dasselbe: ein künstlich hergestellter Körper, in dem die Gottheit wohnen kann, nachdem dieser Gegenstand durch die Weihung einen ausreichend starken Lebenskraftkörper erhalten hat.

Diese Auffassung von geweihten Statuen findet sich weltweit. Selbst im Alten Ägypten werden Statuen schon in dieser Weise beschrieben. In Indien gibt es sogar zwei verschiedene Worte für „Statue“ und „geweihte Statue“.

Am Anfang steht die Frage, was man erreichen will. Wenn es Fülle ist, ist möglicherweise Jupiter die passende Gottheit; wenn es das Bestehen einer Prüfung ist, kommen Hermes und Merkur in Frage; wenn es jedoch eher um Weisheit geht, wäre der ägyptische Thot passender als Merkur oder Hermes.

Wenn man weiß, welche Gottheit oder Planeten-Gottheit man um vorübergehende oder dauerhafte Hilfe bitten will, kann man entscheiden, wie man vorgehen will: ein einfaches Gebet, eine Traumreise, die Herstellung eines Talismans, eine Invokation oder noch etwas anderes.

Wenn man sich dafür entscheidet, einen materiellen Fokus für die Bitte an die Gottheit herzustellen, strebt man offenbar eine etwas dauerhaftere Hilfe an. Wenn man diese Hilfe ständig braucht, wird man sich für einen Talisman entscheiden – wenn man diese Hilfe nur gelegentlich benötigt, wird man vermutlich eher für eine Statuette auf dem eigenen Hausaltar vorziehen. Wenn es eine ganze Gruppe von Menschen ist, die nach diese Hilfe sucht, wird man am ehesten eine Statue in einem Gemeinschaftsraum aufstellen.

Wenn man sich für eine große oder kleine Statue entschieden hat, wird man sie sehr wahrscheinlich nicht selber anfertigen, sondern sie kaufen.

Wenn es um einen Talisman geht, kann man ihn auch selber herstellen. Dabei gibt es viele Möglichkeiten. So kann man sich z.B. aus einem Ast ein Szepter mit dem Ibis-Kopf des Thot schnitzen oder einen Hammer aus Eiben-Holz als Symbol des Thor benutzen. Hier kann man sehr kreativ werden.

Wenn man sich für eine Planeten-Gottheit als Helfer entschieden hat, kann man sich einen Talisman auf die klassische Weise herstellen. Es sind jedoch eine ziemlich große Menge an Symbolen, Namen und ähnlichem überliefert. Wenn man sie alle auf einem einzigen Talisman anbringen würde, würde der Talisman nicht mehr in die Hosentasche passen, sondern höchstens noch auf den Rücken eines Elefanten.

Es ist somit die Frage, wie man einen solchen Talisman herstellen will. Es gibt zwei beliebte Methoden, die verschieden aufwendig sind. Bei beiden Methoden verwendet man nur die wichtigsten Symbole des betreffenden Planeten. Diese sind:

- das Planeten-Symbol (evtl. im Hexagramm),
- das zu dem Planeten gehörende regelmäßige Vieleck,
- das magische Quadrat des Planeten,
- das Siegel des Planeten,
- ein Wort oder eine Sigille, das den konkreten Wunsch beschreibt.

In der Sigillen-Magie ist der Talisman auf die Sigille reduziert worden. Wenn man jedoch die ausführlichere und materielle Form bevorzugt, gibt es – wie bereits gesagt – zwei beliebte Varianten:

- Man kann aus einem Stück fester Pappe oder einem dünnen Holzbrett das dem Planeten entsprechende regelmäßige Vieleck aussägen. Dieses Vieleck wird von beiden Seiten mit einer glänzenden Farbe in dem Farbton des Planeten bemalt. Die Symbole werden anschließend mit der Komplementärfarbe aufgemalt.

  Dieses Verfahren hat den Vorteil, daß es handwerklich gesehen recht einfach ist und daß das Vieleck mit der Planeten-Farbe und der Planeten-Komplementärfarbe schon rein optisch sehr eindrucksvoll ist.

- Bei dem etwas aufwändigeren Verfahren sägt man das Vieleck aus dem zu dem Planeten gehörenden Metall aus. Anschließend graviert man die ausgewählten Symbole in das Metall.

- Man kann natürlich auch ein Metall-Vieleck in der Planeten-Farbe anmalen und dann die Symbole mit der Komplementärfarbe aufmalen.

Man kann auch die Symbole gravieren und die Gravur-Rinnen dann noch mit Farbe füllen.

Mir ist jedoch nicht bekannt, daß diese beiden Methoden schon einmal angewendet worden sind.

Die wichtigsten Symbole und Namen der Planeten sind in der folgenden Übersicht zusammengestellt worden. Für die drei Transsaturnier, also für Uranus, Neptun und Pluto fehlen diese Symbole zum größten Teil.

Die Planeten-Vielecke entsprechen weitgehend den Zahlen der Sephiroth, zu denen diese Planeten gehören. Die Ausnahme ist der Saturn, der früher der Sephirah Binah mit der Zahl „3“ zugeordnet gewesen ist, aber heute zu der „unsichtbaren Sephirah“ Da'ath gehört, der keine Zahl zugeordnet worden ist.

Die „magischen Quadrate“ sind Quadrate, in denen die waagerechten, senkrechten und diagonalen Reihen immer dieselbe Summe ergeben. Zum Saturn gehört das Quadrat mit 3·3 Zahlen, zum Jupiter das Quadrat mit 4·4 Zahlen, zum Mars das Quadrat mit 5·5 Zahlen usw.

Von diesen magischen Quadraten werden auch die Planeten-Siegel abgeleitet. Dabei ergeben sich die Linien des Siegels, indem man mit einer Linie der Reihenfolge der Zahlen folgt – dabei hat man sich jedoch einige „künstlerische Freiheit“ erlaubt. Am deutlichsten ist der Zusammenhang zwischen dem Zahlen-Quadrat und dem Siegel (ganz rechts in der Übersicht) bei dem Siegel des Saturns erkennbar.

Planeten-Symbole, Planeten-Namen u.ä.

Mond
Gottesname: *Schaddai el-Chai*
Erzengel: *Gabriel*
Zahl: 9
Farbe: silbern oder violett
Metall: Silber
Symbol: ☾

37	78	29	70	21	62	13	54	5
6	38	79	30	71	22	63	14	46
47	7	39	80	31	72	23	55	15
16	48	8	40	81	32	64	24	56
57	17	49	9	41	73	33	65	25
26	58	18	50	1	42	74	34	66
67	27	59	10	51	2	43	75	35
36	68	19	60	11	52	3	44	76
77	28	69	20	61	12	53	4	45

Merkur
Gottesname: *Elohim Tzabaoth*
Erzengel: *Raphael*
Zahl: 8
Farbe: orange
Metall: Quecksilber oder Messing
Symbol: ☿

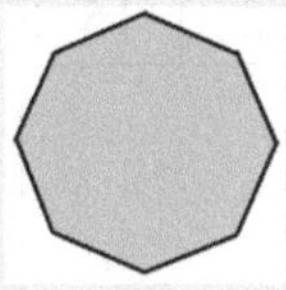

8	58	59	5	4	62	63	1
49	15	14	52	53	11	10	56
41	23	22	44	45	19	18	48
32	34	35	29	28	38	39	28
40	26	27	37	36	30	31	33
17	47	46	20	21	43	42	24
9	55	54	12	13	51	50	16
64	2	3	61	60	6	7	57

Venus
Gottesname: *YHVH Tzabaoth*
Erzengel: *Haniel*
Zahl: 7
Farbe: grün
Metall: Kupfer
Symbol: ♀

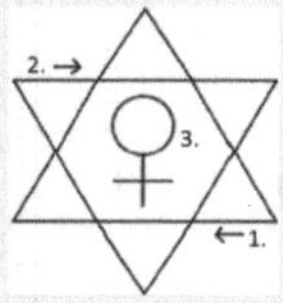

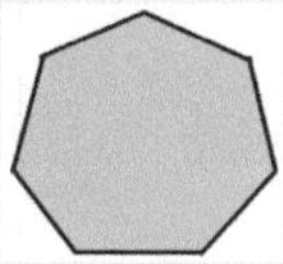

22	47	16	41	10	35	4
5	23	48	17	42	11	29
30	6	24	49	18	36	12
13	31	7	25	43	19	37
38	14	32	1	26	44	20
21	39	8	33	2	27	45
46	15	40	9	34	3	28

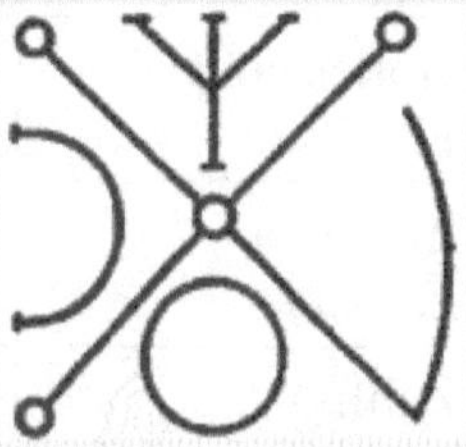

Sonne
Gottesname: *YHVH Eloah va-Da'ath*
Erzengel: *Michael*
Zahl: 6
Farbe: golden, gelb
Metall: Gold
Symbol: ⊙

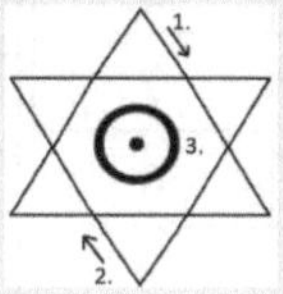

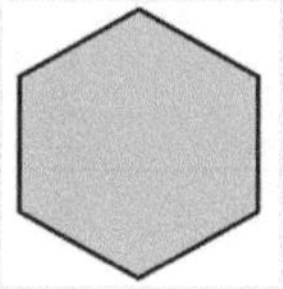

6	32	3	34	35	1
7	11	27	28	8	30
19	14	16	15	23	24
18	20	22	21	17	13
25	29	10	9	26	12
36	5	33	4	2	31

Mars			
Gottesname: *Elohim Gibor*			
Erzengel: *Samael*			
Zahl: 5			
Farbe: rot			
Metall: Eisen			
Symbol: ♂			

11	24	7	20	3
4	12	25	8	16
17	5	13	21	9
10	18	1	14	22
23	6	19	2	15

Jupiter
Gottesname: *El*
Erzengel: *Zadkiel*
Zahl: 4
Farbe: blau
Metall: Zinn
Symbol: ♃

4	14	15	1
9	7	6	12
5	11	10	8
16	2	3	13

Saturn
Gottesname: *YHVH Elohim*
(Janus, Petrus)
Zahl: 3
Farbe: schwarz
Metall: Blei
Symbol: ♄

4	9	2
3	5	7
8	1	6

Uranus	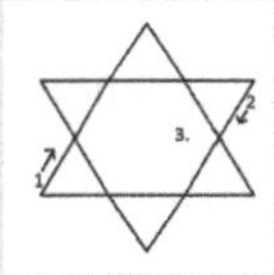	(kein magisches Quadrat)	(kein Siegel)
Gottesname: *YHVH*			
Erzengel: *Zaphkiel*			
Zahl: -	(kein Vieleck)		
Farbe: hellblau			
Metall: -			
Symbol: ⛢			
Neptun	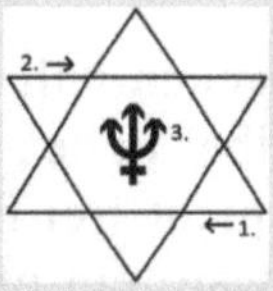	(kein magisches Quadrat)	(kein Siegel)
Gottesname: *Yah*			
Erzengel: *Ratziel*			
Zahl: -	(kein Vieleck)		
Farbe: violett			
Metall: -			
Symbol: ♆			
Pluto	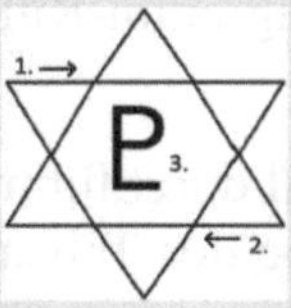	(kein magisches Quadrat)	(kein Siegel)
Gottesname: *Eheieh*			
Erzengel: *Metatron*			
Zahl: -	(kein Vieleck)		
Farbe: dunkelrot			
Metall: -			
Symbol: ♇			

Wenn man sich mit der Anthroposophie verbunden fühlt, kann man auch die von Rudolf Steiner für die sieben klassischen Planeten entworfenen „Planetensiegel" verwenden.

- - -

Nachdem nun der Talisman oder das Amulett hergestellt bzw. die Statue gefunden und gekauft oder hergestellt worden ist, folgt nun die Weihung. Dieser Teil ist wichtiger als die korrekte Herstellung eines Talismans oder einer Statue. Allerdings sollte man keine groben Fehler begehen wie das falsche Planeten-Symbol oder das falsche Metall zu verwenden, da sich letztlich immer die Symbolik durchsetzen wird. Eine Unvollständigkeit der Attribute einer Gottheit oder eine sehr schlichte Gestaltung eines Talismans ist hingegen kein Problem.

Wenn man z.B. die eigene Kundalini-Schlange erwecken will und sich dafür einen Schlangenring anfertigt, bei dem die Schlange sich selber in den Schwanz beißt, wird man Schwierigkeiten bekommen, da diese Schlange nicht frei fließt, sondern nur in sich selber kreist. Für das Erwecken der Kundalini wäre ein offener Schlangenring wesentlich passender und effektiver, da die Schlange dann frei ist und fließen kann.

Die eigentliche Weihung des Talismans besteht aus mehreren Schritten. Jenachdem, was mithilfe der Planeten geweiht wird, muß man das Ritual ein wenig umändern.

- Der Talisman wird auf einen Altar o.ä. gelegt – vorzugsweise in der Mitte des Ritualortes.

- Der Ritualort wird mit dem Kleinen Pentagramm-Ritual gereinigt und geweiht.

- Man spricht aus, warum man dieses Ritual durchführt. Dabei benutzt man am besten einen kurzen Satz, der die Aufgabe des Talismans o.ä. präzise zusammenfaßt.

- Man macht eine kurze Traumreise zu dem ausgewählten Planeten und sagt ihm, was man vorhat, und bittet um seine Hilfe und fragt ihn evtl. auch nach Ergänzungsvorschlägen für das Ritual.

  Wenn einem Traumreisen noch nicht geläufig sind, kann man den Planeten auch einfach um Hilfe bei dem Ritual bitten.

- Man blickt zu dem Talisman in der Mitte auf dem Altar und zieht nacheinander im Osten, Süden, Westen, Norden, oben und unten das Planeten-Hexagramm und bittet nach jedem Hexagramm den Planeten, diesen Talisman aufzuladen, zu weihen, mit seiner Qualität zu erfüllen usw. Dabei kann man auch den Gottesnamen und den Erzengelnamen benutzen, der zu diesem Planeten gehört.

Wenn es einem vertraut ist, kann man die Worte, die man bei diesen sechs Hexagrammen verwendet, diesen sechs Richtungen anpassen. Wenn es z.B. um eine Jupiter-Weihung geht, kann man im Osten (Luft) die Findigkeit des Jupiters anrufen, im Süden seine Gestaltungsfähigkeit (Feuer), im Westen seine Gönner-Qualität (Wasser), im Norden seine Umsichtigkeit (Erde), oben seine Verantwortung für das Ganze (Himmel) und unten sein Vertrauen in das, was er tut (Erde).

Als letztes zieht man das Planeten-Hexagramm in der Mitte. Dabei imaginiert man, daß von jedem der bereits gezogenen Hexagramme ein Lebenskraft-Lichtstrahl („Silberschnur“) in der zu dem Planeten passenden Farbe zu dem Hexagramm in der Mitte, das in/auf dem Talisman imaginiert worden ist, verläuft. Dort verbinden sich diese sechs Strahlen und glühen dort hell auf.

Man kann an dieser Stelle auch imaginieren, daß die Symbole auf dem Talisman in der Farbe des Planeten aufleuchten.

- Nun wendet man sich mit passenden Worten und evtl. einer Anrufung (siehe nächstes Kapitel) an den Planeten selber und bittet ihn, diesen Talisman zu weihen.

An dieser Stelle schaut man, wie die Planeten-Gottheit auf diese Bitte reagiert. Möglicherweise spürt man einfach Hitze oder Lebenskraft, vielleicht sieht man innerlich, wie die Gottheit ihre Hand kurz auf den Talisman legt, möglicherweise sendet die Gottheit von ihrem Sonnengeflecht aus eine Silberschnur zu dem Talisman – das kann man nicht vorhersagen.

Wenn es sich bei dem Ritual um die Weihung einer Statue handelt, wird man möglicherweise sehen, wie die Gottheit in die Statue herbeikommt oder ein Bild von sich in diese Statue sendet. In diesem Fall ist die Weihung sozusagen die „Invokation der Planeten-Gottheit in ihre Statue“.

- Man wiederholt noch einmal den Satz, der die Aufgabe des Talismans o.ä. beschreibt.

- Man bedankt sich bei dem Planeten.

- Man beendet das Ritual mit dem Kleinen Pentagramm-Ritual.

Man kann diesen Vorschlag für ein Weihungs-Ritual natürlich noch erweitern oder es kürzen oder umgestalten.

So spielt es für die Gestaltung eines Rituals z.B. eine große Rolle, wie ein Magier seine Magie auffaßt: als seine Entscheidung, was jetzt geschehen wird; als eine nachdrückliche Bitte an die Gottheit; als eine freundschaftliche Kooperation mit der

Gottheit; als ein Wunsch an die Gottheit; als eine Bitte um Führung der Ereignisse durch die Gottheit; als Hingabe an die Gottheit; usw.

Man sollte stets seinem eigenen Stil treu bleiben.

Man kann auch noch ganz andere Elemente einfügen, wenn es dem eigenen Stil entspricht. So ist es bei den Germanen und auch bei vielen anderen Völkern üblich gewesen, Gegenstände stets mit dem Blut von Opfertieren oder mit dem eigenen Blut zu weihen – Blut enthält viel Lebenskraft. So wurden von den Germanen in der Magie Runen stets „gerötet", d.h. mit Blut nachgezogen. Von den mittelamerikanischen Indianern wurde Menschenopfer-Blut als notwendig erachtet, während die Prärie-Indianer nur das eigene Blut als wirkliches, aufrichtiges Opfer ansahen.

8. Planeten-Anrufungen

Am sinnvollsten, lebendigsten und wirksamsten ist wahrscheinlich immer das direkte Gespräch mit einer Planeten-Gottheit auf einer Traumreise oder in einer Vision.

Der Unterschied zwischen einer Traumreise und einer Vision ist nicht groß: Bei einer Traumreise sieht man die Bilder nur innerlich, bei einer Vision werden die inneren Bilder den äußeren Bildern überlagert oder in sie eingefügt. Generell ist die Traumreise vorzuziehen, da bei ihr Innen und Außen klar getrennt sind und somit einem Realitätsverlust durch mangelnde Unterscheidung zwischen inneren und äußeren Bildern vorgebeugt wird.

Auch wenn das direkte Gespräch mit einer Gottheit sehr wirkungsvoll ist, können auch vorgegebene Texte sehr hilfreich sein – z.B. dann, wenn man mit Traumreisen noch ungeübt ist.

Außerdem können Texte, Symbole und Gesten, die von vielen Menschen über lange Zeit hin verwendet worden sind, eine Eigendynamik entwickeln – sie enthalten dann sozusagen so viel Lebenskraft, daß die bloße Benutzung dieser Worte, Symbole und Gesten schon eine Wirkung hat. Das trifft z.B. für die Verwendung der Planetensymbole zu – wenn man sie imaginiert, beginnt sofort etwas zu fließen. Am intensivsten ist dieser Effekt natürlich bei dem ältesten bekannten Ritual: bei der Schwitzhütte. Wenn man das Feuer vor der Schwitzhütte entzündet, kommen die Geister, die man später dann in die Schwitzhütte hereinruft.

Um Planeten-Magie durchführen zu können, ist es hilfreich, Anrufungen an die Planeten-Gottheiten zu haben, die deren Qualitäten zusammenfassen. Auch der Stil dieser Anrufungen sollte dem Wesen der Planeten entsprechen – die oft sehr verschiedene Lyrik der verschiedenen Völker bietet ja eine große Fülle an Anregungen für die Gestaltung eines solchen Textes.

Die folgenden Anrufungen sind Neuschöpfungen von mir und sollten daher – wie jede „Gebrauchs-Lyrik“ – entsprechend den eigenen Bedürfnissen gekürzt, erweitert oder umgestaltet werden. Vielleicht sind sie auch nur eine Anregung, selber eine Anrufung zu schreiben.

Man kann Anrufungen natürlich auch improvisieren – das steht dann in etwa in der Mitte zwischen einer vorgegebenen Anrufung und einer Traumreise.

Wenn man eine vorgegebene Anrufung verwendet, ist es natürlich ideal, diese Anrufung auswendig sprechen zu können, aber man kann sie natürlich auch ablesen und vortragen.

Mond

Die poetische Form dieser Anrufung sollte das Fließen des Mondes betonen. Dazu wird das letzte Wort einer Zeile als erstes Wort in der Folgezeile wiederholt. Diese lyrische Form ist von den Germanen, aber auch von anderen Völkern bekannt. Diese Form hat auch die Wirkung des Schaffens von Zusammenhängen („Silberschnüre") und auch die Wirkung einer leichten Steigerung und Konzentration, die beim Zuhörer zu einer leichten Trance führen kann – was ja durchaus erwünscht ist.

Dadurch, daß jede Strophe mit dem Wort „Mond" beginnt und endet, wird auf poetische Weise ein Zyklus dargestellt – und Zyklen gehören zu den Mond-Eigenschaften.

Das Versmaß ist unregelmäßig, aber insgesamt eher langsam, daß heißt, daß oft zwei unbetonte Silben aufeinander folgen.

Mond, langsam ziehen die Wolken am Nachthimmel dahin,
die Nacht ist milde und ich bade in Deinem Licht;
Dein Licht umhüllt mich wie warme Milch,
Deine Milch nährt mich wie meine Mutter;
die Mutter – das bist Du für alle Wesen
und alle Wesen blicken auf zu Dir, o Mond.

Mond, Deine Ebbe und Deine Flut sind in meiner Lebenskraft,
die Lebenskraft leuchtet milchigweiß in meinem Leib;
mein Leib ist geborgen in Deinen sanften Armen
und Deine Arme drehen in mir meine Chakren;
meine Chakren sind die Strudel Deines Lichtes
und in Deinem Licht stehe ich hier vor Dir, o Mond.

Mond, Du bist da, Du bist immer da bei mir,
mir hast Du immer geholfen, an jedem Ort!
An jedem Ort gießt Du Dein Leben aus,
Dein Leben fließt in allen Wesen;
Alle Wesen läßt Du gedeihen auf der Erde
und auf der Erde gibt es keinen Ort, den Du nicht segnest, o Mond!

Mond, meine Mutter, komme in diesen Kreis,
dieser Kreis ist erfüllt von Deiner Wärme;
Deine Wärme belebt den Altar,
und auf dem Altar Deine Statue, Göttin;
Göttin, nimm uns in Deine Arme,
mit Deinen Armen beschütze uns, o Mond!

Mond, laß in mir fließen die Kundalini,
die Kundalini wecke aus ihrem Schlaf;
im Schlaf bin ich bei Dir, Silberstern,
als Silberstern bist Du meine Begleiterin;
meine Begleiterin warst Du schon in meiner Kinderzeit,
seit meiner Kinderzeit blicke ich auf zu Dir, o Mond!

Mond, laß Dein Licht in mich herabströmen,
herabströmen vom hohen, sternenübersäten Himmel;
am Himmel bist Du die Königin der Nacht
und die Nacht ist Dein Reich;
in Deinem Reich sind verborgen die tieferen Geheimnisse –
diese Geheimnisse: Zeige sie mir, o Mond!

Mond, ich singe Dir sanfte Lieder,
Lieder, die langsame Tänze begleiten;
Tänze im Kreis und Tänze einzeln
und Du fügst das Einzelne zum Kreis –
zum Kreis der Gemeinschaft
und in der Gemeinschaft bin ich geborgen, o Mond!

Merkur

Für den Merkur eignen sich Wortspiele als lyrisches Merkmal und ein häufiger Wechsel des Versmaßes und der Reimform – Merkur spielt gern …

Gedanken sind Deine Würfel und Worte Dein Spiel,
Merkur, Dir lausche ich, von Dir lerne ich viel!
Du forschst und Du suchst und Du findest,
und Du löst und Du bindest.

Rascher, komme zu mir!
Zeig mir den Weg!
Schneller, komme zu mir!
Zeig mir den Steg!

Wo ist die Lösung, Du kennst sie doch sicher schon!
Du magst doch Rätselworte!
Und Du setzt Dich keck auf Deines Vaters Thron.
Du entdeckst oft goldene Horte!
Du verabscheust jede Fron
und dichtest lieber Lieder;
lobst die Liebe, den Spaß – das kenn ich schon!
Und Deine Lieder – nun, sie sind nicht immer bieder ...
Du bist des hehren Jupiters Sohn,
und bist der Gott der Streiche
und erhältst dafür oft herben Lohn,
Du brichst des guten Anstands Deiche
und schenkst Übeltätern Hohn.

Doch Merkur – ich will Dich ja nicht verleumden –
Du bist nicht nur der list'ge Hermes,
sondern auch der weise Thot,
der Alchemist,
der Magier
und das Schöpfungwort.

Lenke meine Worte, geflügelter Gott!
Gib Kraft meinem Lob und meinem Spott!
Laß mich zaubergleich jonglieren mit den Zahlen!
Lehre mich bescheiden sein und prahlen!
Zeige mir nüchterne Sachlichkeit und Diplomatie!
Gibt mir Klarheit: Niemand soll mich täuschen – nie!
Gib mir Weitblick, zeige mir das Große Ganze!
Erkläre mir den Elefant und auch die Wanze!
Mache mich zum Technik-Freak!
Zeige mir den Grund für Frieden und für Krieg!
Laß mich das Leben in allen Wesen verstehen!
Zeige mir, von wo die Winde des Schicksals wehen!
Laß mich gründlich sein und auch schnell!
Mache meinen Geist flink, klar, geschickt und hell!

Merkur! Hermes! Und Thot!
Rettet mich aus meiner Not!
Zeigt mir Wege, Tore, Pforten!
Helft mir in meinem Leben allerorten!

Venus

Die folgende Anrufung der Venus ist durch den Stabreim und durch die Verwendung von vielen Adjektiven geprägt. Der Stabreim ist natürlich nicht speziell Venushaft, aber er eignet sich dafür, Dinge hervorzuheben – und Venus ist der Planet der Bewertungen.

Der Stabreim stammt von den Germanen, die eine der kreativsten Formen der Lyrik erschaffen haben.

Weiterhin sind die Frage und die entschiedene Antwort (mit Ausrufezeichen) ein typisches Element für die Venus, da sie – wie bereits gesagt – die Bewertende ist. Auch die vielen Adjektive sind Bewertungen.

Schließlich sind Schönheit und Häßlichkeit, Anziehung und Abstoßung, Sympathie und Antipathie, sowie Erotik und Kühle Eigenschaften der Venus. Ja, auch Kühle gehört zur Venus – wer kennt nicht das „Phh!“ und das „Mir doch egal!“ der pubertierenden Tochter, das die Mutter zur Weißglut bringen kann?

Venus, Du Schönste in der Schar der Himmlischen!
Schenke uns Harmonie und rechtes Maß in allen Dingen!
Gischtgeborene Göttin mit dem wallenden Haar –
Gib uns Einklang und Freude in unserem Leben!

Wer schuf die schönen Blüten? Wer schuf das glühende Abendrot?
Schaut zum Himmel empor! Du, Venus hast sie erschaffen!

Schönäugige Göttin, Schaumgeborene, Freude der Götter!
Schon früh am Morgen erscheinst Du am Horizont.
Du bist die Begleiterin der Sonne am Bergtor am Himmelsrand –
Begrüßungen und Jubel erschallen allenthalben für euch!

Wer vertreibt das gräßliche Dunkel? Wer verkündet das Kommen des Lichtes?
Kein anderer als Du, Du Göttin mit anmutiger Gestalt!

Venus, Verlockende, Schmuck-gezierte, vor Anmut Strahlende!
Verleihe uns ein wenig von Deiner Schönheit, erfülle das Leben mit ihr!
Freundin des starken Ares, Feindin von allem Häßlichem,
Führe uns zu Deinem Blütenmeer, erwecke die Blüten in uns!

Wer neckt mit bloßen Brüsten? Wer schenkt die Lust der Liebe?
Lobet sie, singt ihr Lieder, tanzt für sie – es ist die Göttin Venus!

Gib uns Freunde, holde Göttin! Besänftige die Feinde, Venus!
Gebiete dem Frieden, uns zu erfüllen, daß wir den Krieg beenden.
Erwecke die Wahrheit in unseren Herzen, öffne unsere Augen,
Wahrlich, dann wird die Schönheit in uns wachsen und gedeihen.

Wer führt den Keim zur Reife? Wer leitet das Korn im Wachstum?
Wer anderes als Venus? Sie kennt die Entfaltung in Harmonie.

Die sanfte Aue, der rosenduftende Park, der blütenbesetzte Rain:
Blumenfreundin – das sind die Orte, die Du liebst, wo wir Dich rufen!
Freundin der Sanften mit dem schön geschmückten Haar,
Schon ahne ich Dein Kommen – der Blütenduft verrät es mir.

Wer erfreut die Herzen? Wer erfrischt unsere Sinne?
Fürwahr! Das kann niemand anderes als Du, Freundin der Menschen!

Du bist die Liebliche, die Lockende, die Freude-Verheißende,
Lächelnd rufst Du uns wortlos zu Dir, denn Du bist die Quelle der Freude!
Du bist die Schöne, die Schenkende, die anmutig ihre Hüften schwingt,
Scham ist Dir fremd, Du bist ganz Du selber, Rosenwangige.

Wer will nicht von Dir gesegnet sein? Wer will nicht strahlen wie Du?
Venus, Du führst uns den Weg zu uns selber durch unsere eigenen Gefühle.

Sonne

Wie kann man das Zentrum, das die Qualität der Sonne ist, auf lyrische Weise darstellen? Eine Möglichkeit ist, anschließend an jeden Vierzeiler einen Vers anzuhängen, der die Aussage der vorigen vier Zeilen zusammenfaßt. Diese fünfte Zeile kann man noch dadurch betonen, daß sie etwas kürzer ist als die anderen Zeilen und zudem alle fünften Zeilen denselben Endreim haben.

Auch diese lyrische Methode ist von den Germanen verwendet worden, die – auch wenn das heute eher unbekannt ist – Poesie-Feinschmecker waren.

Schließlich kann man die Mitte-Qualität der Sonne noch dadurch ausdrücken, daß jede Strophe mit dem Wort „Sonne“ beginnt. Die organische Qualität der Sonne wird durch die gleiche Anzahl von betonten Silben in jeder Zeile dargestellt.

Sonne, hellstes aller Gestirne am Himmel,
Du reitest auf dem golden-mähnigen Schimmel,
Du öffnest die Tore des Himmels am frühen Morgen,
Wenn wir Dich sehen, enden alle unsere Sorgen.
Du erhellst das ganze Land.

Sonne, Du erwärmst und stärkst unsere Herzen;
Du linderst stets durch Heilung alle unsere Schmerzen.
Du gibst uns auch in Nöten den Mut zu leben
Und stets nach dem Besten für uns zu streben.
Du beschützt uns mit Deiner Hand.

Sonne, gibt uns heute Zuversicht und Mut,
Dein warmes Licht in unseren Herzen tut uns gut!
Dein Leuchten strahlt von Dir in unsere Leibesmitte:
Sei mit uns verbunden! Das ist unsere Bitte!
Forme aus Lebenskraft dies Band!

Sonne, laß die Schatten weichen von unserem Weg,
laß das lauernde Dunkle verblassen auf unserem Steg!
Laß uns lachend reiten auf Wiesen, auf freiem Feld,
hinaus in das volle Leben, hinaus in die weite Welt!
Bis hin an des Meeres schäumenden Strand!

Sonne, löse unsere tiefsten Ängste auf,
befreie mit Deinem Licht unseres Lebens Lauf!
Zeige uns heute unsere Seele in unserem Herzen
und erlöse uns jetzt von unseren Schmerzen!
Öffne das alte Tor in der Wand!

Sonne, laß unser Lebensfeuer lodernd brennen,
laß uns uns selber nun in Klarheit ganz erkennen!
Erwecke mein Lied und laß es laut und tönend erklingen,
Ich will tanzen und in Deinem Tempel singen.
Entzünde in unserem Herzen den Brand!

Mars

Um die Kraft des Mars auch lyrisch zu verkörpern, eignet sich der „inhaltliche Reim“, der von den Sumerern verwendet worden ist und der sich auch in den frühen altägyptischen Texten sowie in den ältesten germanischen Zaubersprüchen findet.

Bei dem inhaltlichen Reim wird jede Zeile durch eine zweite Zeile wiederholt, die grammatisch exakt gleich aufgebaut ist und in der die Aussage der ersten Zeile mit einem anderen Bild und anderen Worten wiederholt wird.

Zu dem Mars paßt der schnelle Trochäus am besten, der mit einer betonten Silbe beginnt, auf die dann eine unbetonte Silbe folgt.

Eine weitere Möglichkeit, den Charakter des Mars auf lyrische Weise darzustellen, ist ein Refrain mit einer dreiteiligen Steigerung, also z.B. „Nominativ – Komperativ – Superlativ“.

Mars, Du großer Krieger auf dem Feld;
Ares, Du starker Kämpfer in der Schlacht!
Schärfe mein Schwert;
Stärke meinen Schild!
Du bist der rote Gott, der die Speere schwingt;
Du bist der kühne Held, der die Pfeile schießt!
Unbezwingbarer – führe meine Hand im Kampf;
Unbesiegbarer – lenke meine Faust im Krieg!

> *Mars und Ares, Tyr und Month, Ningirsu und Chaldi!*
> *Krieger! Kämpfender! Sieger!*
> *Indra und Teutates, Laran und Caturix, Xipe Totec und Ahayuta!*
> *Starker! Stärkerer! Stärkster!*
> *Ishtar und Astarte, Sachmet und Shaushka, Shuqamuna und Morrigan!*
> *Göttin! Beschützerin! Mächtige!*

Ihr Götter des Kampfes – begleitet mich auf meinen Wegen;
Ihr Göttinnen des Krieges – seid bei mir auf meinen Pfaden!
Ich gehe hinaus zum Tor meiner Stadt und ihr seid bei mir;
Ich kehre zurück durch die Tür meines Hauses und ihr seid mit mir.
Ihr gebt Mut meinem Herzen und Kraft meinen Worten,
Ihr gebt Wachheit meinen Augen und Stärke meinen Armen;
Ihr laßt meine Gegner erzittern vor meinem Blick;
Ihr laßt meine Feinde niedersinken unter meinem Schlag!

> *Mars und Ares, Tyr und Month, Ningirsu und Chaldi!*
> *Redender! Schreiender! Brüllender!*
> *Indra und Teutates, Laran und Caturix, Xipe Totec und Ahayuta!*
> *Lernender! Erfahrener! Vollendeter!*
> *Ishtar und Astarte, Sachmet und Shaushka, Shuqamuna und Morrigan!*
> *Beschützende! Verfluchende! Besiegende!*

Mars, gibt meinen Muskeln die Kraft Deines Armes;
Ares, gibt meinen Sehnen die Stärke Deiner Hände!
Du schreitest im Kampf wie der Wolf inmitten von Ziegen;
Du gehst in der Schlacht wie der Panther inmitten von Schafen!
Du bist wie der Löwe, der die Rinder tötet;
Du bist wie der Adler, der die Hasen schlägt!
Dein Schild blendet alle, die ihn sehen;
Dein Schwert läßt alle verstummen, die es erblicken!

Mars und Ares, Tyr und Month, Ningirsu und Chaldi!
Warnender! Kämpfender! Zerstörender!
Indra und Teutates, Laran und Caturix, Xipe Totec und Ahayuta!
Junge! Jugendlicher! Mann!
Ishtar und Astarte, Sachmet und Shaushka, Shuqamuna und Morrigan!
Katze! Panther! Löwin!

Du beschützt die Mutigen – die Kühnen sind Deine Freude;
Du hilfst den Tapferen – die Voranstürmenden sind Deine Lust!
Angst ist Dir fremd – Du bist der Vater der Kampfekstase;
Furcht ist Dir unbekannt – Du bist der Ahnherr des Gemetzels!
Mars, Du Herr der Waffen – sei bei mir, wenn ich Dich brauche;
Ares, Du König der Kämpfe – sei in mir, wenn ich Dich rufe!
Sänger im Kampf – laut tönen Deine Lieder und sie erschaffen Schrecken;
Tänzer im Blut – dröhnend sind Deine Schritte und sie verbreiten Panik!

Mars und Ares, Tyr und Month, Ningirsu und Chaldi!
Roter! Blutiger! Glühender!
Indra und Teutates, Laran und Caturix, Xipe Totec und Ahayuta!
Tempeltänzer! Totentänzer! Schlachtentänzer!
Ishtar und Astarte, Sachmet und Shaushka, Shuqamuna und Morrigan!
Herrin der Tempel! Herrin des Feuers! Herrin des Kampfes!

Du bist der Tanz auf den Fellen, der Tanz von Mann und Frau;
Du bist das Drängen auf der Wiese, das Lied von Gott und Göttin.
Die Vereinigung der Glieder ist Deine Lust;
Das Verschmelzen der Leiber ist Deine Gier!
Penis und Schoß rufen einander – in Dir und in uns.
Phallus und Höhle begegnen einander – im Mars und in Menschen.
Die Glut der Begierde drängt in die Höhe;
Das Feuer der Leidenschaft flammt hoch empor!

Mars und Ares, Tyr und Month, Ningirsu und Chaldi!
Verlangender! Suchender! Findender!
Indra und Teutates, Laran und Caturix, Xipe Totec und Ahayuta!
Herr des Stabes! König des Feuers! Gott der Ekstase!
Ishtar und Astarte, Sachmet und Shaushka, Shuqamuna und Morrigan!
Herrin des Kelches! Königin des Wassers! Göttin der Ekstase!

Jupiter

Zur Darstellung der Fülle des Jupiters eignet sich die altgriechische Lyrik mit ihren langen Zeilen und ihren üppigen Gebrauch von Adjektiven und ihren vielen bildhaft beschreibenden zusammengesetzen Substantiven am besten. Diese Reimform ist sehr frei gestaltet.

Wolkenbeweger, König auf dem Weltenberg!
Herr der Himmelssöhne, zu denen die Erdbewohner aufblicken!
Du lenkst die Geschicke, Du erschaffst die Fülle,
Du läßt die Feld-Keimlinge wachsen und Du läßt die Hörnertragenden sich vermehren!
Sei uns wohlgesonnen, o Blitzeschleuderer, o Himmelsadler!
Du bist der Herr des Tempels auf der Akropolis, der König auf dem Kapitol!
Sturmumwölkter, höre uns, die wir Dich anrufen an den Opferfeuern in den Tälern,
die die Ziegenherden durchstreifen und wo die Rinder an den klaren Bächen trinken.
Wer kennt Dich nicht unter den vielen Völkern der Erde,
die in so vielen verschiedenen Zungen sprechen,
o lorbeerbekränzter Herrscher des Himmels?
Du wirst Jupiter genannt bei den Römern, Zeus bei den Griechen,
als Papaios kennen Dich die Skythen, als Saba-Zius ihre Nachbarn, die Thraker,
Dei-Patyros nennen Dich die Illyrer, und die Phrygier rufen Dich als Tios Papas an,
in den Ritualen der Germanen heißt Du Tyr und bei den Kelten Dagda und Nuada,
in den Tempeln in Litauen hört man den Namen Dievas rufen,
als Shiun mit dem Adler bist Du bei den Hethitern bekannt
und die Priester der Palaier rufen Dich als Tiyaz in ihren Tempeln,
und die Luwier – nah bei ihnen – schreiben mit ihren Hieroglyphen den Namen Tiwat,
die Inder schließlich entzünden ihre Feuer und trinken ihr Soma für Deva Prajapati.
Doch wir rufen Dich mit Deinem Namen Jupiter an, o Lenker der Göttlichen!
Füge unsere Lebenswege so, daß unsere Absichten gedeihen,
daß unsere Häuser fest stehen in den Auen der Flüsse, wo unsre Herdfeuer lodern,
daß unsere Tempel hoch aufragen auf den Hügeln, wo die Ritualfeuer brennen,
daß unsere Herden viele gehörnte Häupter zählen
und Milch und Honig reichlich fließen.
Wir opfern Dir den Käse aus der Milch der Ziegen,
die auf blumenduftenden Weiden grasen;
Wir opfern Dir das Brot aus dem Korn der Felder,
das auf der regennassen Erde gewachsen ist;
Wir opfern Dir unsere Lieder und Gedichte,
die die Sänger dank Deiner gedeihenspendenen Hilfe erschaffen haben.

Göttervater, Gabenreicher Geber des Gedeihens!
Ältester in dem Kreis der zwölf Götter! Erstgeborener der älteren Götter!
Vater der jüngeren Götter! Großvater der Halbgötter!
Sei bei uns auf den dornenreichen Hügeln und und im Speerregen der Schlacht!
Donnerer, dessen Wort Macht hat; Herr der Boten, der aussendet und empfängt!
Gebieter der großen Scharen, der auf dem Berg Ida sitzt und nach Troja blickt!
Heereslenker, Burgenschützer, Schildzerbrecher, Feindverderber!
Du setzt Könige auf den Thron und Du setzt sie wieder ab!
Du bist der Herr der Herren, Goldgelockter,
und Du bist der König der Könige, Starkarmiger!
Dein Wort wird Wirklichkeit und Dein Gedanke bewegt alle Dinge –
Deine Macht ist unvergleichlich – selbst Poseidon weicht Deinem Blick.
Jupiter, komm in Deine Statue in meinem Tempel,
weihe den Talisman auf meinem Altar,
segne den Raum des Händlers,
gib dem Wort des Anführers Kraft,
schenke denen, die vieles lenken, Weisheit,
und denen, die vieles haben, Großzügigkeit.
Jupiter, nur durch Dich können wir wachsen und gedeihen und Fülle finden
und ernten und bewahren und genießen und ein erfülltes Leben leben.
Jupiter, sei bei uns alle Tage!

Saturn

Zur Darstellung des Saturns wird ein festes, einfaches Versmaß gebraucht – am besten möglichst oft der langsame Jambus, der mit einer unbetonten Silbe beginnt, auf die eine betonte Silbe folgt. Jede Zeile sollte vier betonte Silben haben, da diese Form am stabilsten wirkt. Der Endreim sollte so einfach wie möglich sein also „ AA-BB-CC“. Die Beständigkeit des Saturns läßt sich auch durch einen kurzen Refrain darstellen, der ständig wiederholt wird.

Saturn, komm zu uns, gibt uns Halt,
Wenn es dunkel wird und kalt.
Saturn, o füge Stein auf Stein,
Baue die Burg, so soll es sein!
Errichte die Mauer rings um uns her,
Dann erreicht uns die Bedrohung nicht mehr!
Hüter der Schwelle, Wächter der Stadt,
Weg durch den Sumpf, Pfad durch das Watt!

Du Felsen der Welt, Du Knochen des Lebens,
Du Grundstein eines jeglichen Strebens!

Was ist, der Dich nicht bei sich hat?
Er wäre haltlos, müde und matt.
Stärke mein „ja" und auch mein „nein",
Schütze allzeit mein Gebein!
Saturn, Du Stütze der raschen Götter,
Du bleibst ruhig trotz der Spötter.
Du bist das Rückgrat in allen Dingen,
Weshalb wir nun Dein Loblied singen.

Du Felsen der Welt, Du Knochen des Lebens,
Du Grundstein eines jeglichen Strebens!

Fels auf Felsen – das ist Dein Turm!
Gut gefügt gefügt trotzt er dem Sturm.
Langsam und sorgsam von Dir erbaut,
Erschüttert von nichts, vor dem uns graut.
Du bist das Gedächtnis der Welt,
Das das Leben zusammenhält.
Deinem Gesetz folgen die Dinge,
Und Du wehrst ab den Speer und die Klinge.

Du Felsen der Welt, Du Knochen des Lebens,
Du Grundstein eines jeglichen Strebens!

Du bist im Kreuz von Norden, Osten,
Süden, Westen der Mitte-Pfosten.
Du bist der Schlußstein in jedem Tor,
Der sichere Pfad durch das Moor.
Du bist der kühle Keller im Haus,
Der sichere Halt des Ankertaus.
Du bist die Brücke über die Kluft,
Du bist am Ende die Totengruft.

Du Felsen der Welt, Du Knochen des Lebens,
Du Grundstein eines jeglichen Strebens!

Saturn, wir brauchen Dich jetzt hier!
Wir kommen mit Opfergaben zu Dir.
Wir steigen die Stufen zu Dir hinauf,
Dein Ritual führen wir auf.
Wir wollen Deine Lieder singen,
Sie sollen zwischen den Säulen erklingen.
Das Räucherwerk wird für Dich brennen –
dann werden wir Dich endlich erkennen!

Du Felsen der Welt, Du Knochen des Lebens,
Du Grundstein eines jeglichen Strebens!

Uranus

Zur Darstellung der sprunghaften Qualität des Uranus kann man wieder auf die „lyrische Trickkiste“ der Germanen zurückgreifen:

- In der ersten Zeile jedes Vierzeilers gibt es keinen ersichtlichen Reim – das Chaos als Ausgangspunkt des Uranus.

- In der zweiten Zeile eines Vierzeilers stehen ein oder mehrere Gegensätze oder Widersprüche wie z.B. „hoch – tief“, „kalt – warm“. Das ist die Ausgangsspannung, die der Uranus für seinen Sprung in das Neue braucht.

- In der dritten Zeile gibt es eine Steigerung, die sich z.B. durch Stabreime ausdrücken läßt.

- In der vierten Zeile folgt dann am Ende einen besonderer Reim, z.B. ein Doppelreim wie „Sandstrand“, der die neue Entdeckung des Uranus verkörpert.

- Die zweite und die vierte Zeile haben einen gemeinsamen Endreim, um die Spannungs-Zeile mit der Lösungs-Zeile zu verbinden.

Natürlich wird dieses lyrische Schema nicht strikt eingehalten, sondern ständig durchbrochen – schließlich wird hier der Uranus angerufen.

Uranus, wir brauchen Dich und rufen Dich:
Der Frieden ist tot, es ist Krieg, es fließt Blut,
Wir brauchen Hilfe, einen Weg, ein Tor
zum Löschen der Wutglut.

Uranus, wir Menschen sind verrückt, wir spinnen!
Wir vernichten auf Erden das Leben – Vernunft ist von Nöten!
Wieviele Tiere und Pflanzen gibt es nicht mehr?
Es braucht ein Ende in diesem Artensterben, in diesem Krötentöten!

Uranus, ich habe ein Rätsel und keine Lösung,
Alles ist immer zu klein, zu groß – es ist eine Qual!
Ich brauche etwas, das paßt, das stimmt, das sich fügt –
Zeige mir endlich die richtige Zahlwahl.

Uranus, das Alte ist öde und leer und verbraucht,
ich Alter sehne mich nach neuen Orten, an denen noch niemand saß,
nach fröhlichem Übermut und Tollereien
und nach einem deutlich größeren Spaßmaß!

Uranus, ich suche das, was alles erfüllt,
was jung ist und alt, was schweigend zu mir spricht,
was mir das Neue zeigt, das noch niemand kennt,
was mir erscheint als strahlendes Lichtgesicht.

Uranus, ich suche den verborgenen Schatz,
den Heißersehnten im tiefen Dunkel, das glitzernde Werk,
die Rubine, das Gold, die Schwerter, die Kelche,
behütet von einem Bergzwerg in einem Zwergberg.

Uranus, Du Spieler und Entdecker und Erwecker!
Laß uns Späße machen und die Schwermut vertreiben aus diesem Land!
Spiele im Strandsand am Sandstrand im Sandland hinter der Brandwand
ohne Handpfand und Handband bis zum Landrand ohne Pfandtand –
bekannt und unerkannt, im diesem Land, vom Meer umspannt,
da finde ich einen neuen Stand und blicke nicht mehr unverwandt
auf alten Tand, sondern freue mich auf Unbekannt,
ersehne das Lichtband, das sich von Dir zu mir hin spannt,
und tanze in dem Lichtland, das Du bedeckst mit einer Lichtfunkenschicht,
die zu mir von Neuem spricht, das Alte bricht, den Verzicht zersticht:
alles ist möglich, nichts geht nicht, ich springe, ich dringe, ich singe
in dem Unbekannten – Dein Licht öffnet mir endlich die Sicht!

Neptun

Beim Neptun sollte das Grenzauflösen und der Zusammenhang zwischen allen Dingen dargestellt werden. Das kann z.B. durch Kenningar und Gleichnisse erreicht werden. Eine Kenningar ist eine spezielle Form der Umschreibung wie z.B. „Nasen-Fahrrad" für „Brille", was sich zu „Nasen-Drahtesel" und noch einmal zu „Nasen-Draht-Langohr" erweitern läßt. Diese Kenningar stammen wieder von den Germanen. Diese Kenningar machen aus der Anrufung manchmal ein Rätsel – was wiederum dem Wesen des Neptun entspricht.

Auch ungewöhnliche Reimformen würden zu dem Neptun passen wie der Reim, der lediglich aus einer Häufung von Vokalen besteht (den Goethe manchmal verwendet hat) oder Reime, in denen sich nur der Vokal verändert (eine keltische Reimform).

Das Versmaß und die Reime sollten sich in der Neptun-Anrufung ständig verändern, aber nicht sprunghaft wie bei dem Uranus, sondern langsam zerfließend und sich ständig neubildend.

Zum Neptun paßt es auch gut, wenn die Anrufung nicht in Strophen gegliedert ist, sondern eben weitgehend strukturlos dahinfließt.

Weite Wasser und Wind über den Auen,
Nebel rings um die Weiden, die ihre Äste neigen ...
Abendrot-gefärbte Wolken und Regenbogen über Regen-nassen Bergen,
Dämmerlicht und Schatten, Silhuetten halberkannter Dinge ...
Ich träume von Dir, Neptun, sehe Bilder, höre Gesänge,
Du weitest mein Sehen, mein Hören, sendest nie gehörte Klänge ...

Ich ahne, wer Du bist, woher Du kommst, was Du tust,
Doch sicher weiß ich nichts – nicht, wo Du schwebst, nicht, wo Du ruhst ...
Meeresrauschen, Sand am Strand, ferne Weite – unbekannt ...
Was bist Du, wer bist Du, wie wirkst Du, was kannst Du sein?
Du bist das, was dazwischen ist – Du bist kein Ding allein ...
Du bist die dunklen Kräfte in der Kluft tief unten,
Der Murmeln des gewundenen Baches in der Schlucht;
Du bist die Wogen des Meeres, unter denen Dorsch und Forelle wohnen,
Und Du bist die Wolken hoch oben, wo die Winde toben;
Du bist der plätschernde Bach im Wald im sanften Tal,
und Du lauschst dem Gesang der Elfen auf dem alten Wall beim Hügelgrab;
Du bist das Wehen in den Weiden in der weich-gewundenen Aue,
das Sehnen des Sängers, das Geben des Helfers, die Gemälde der Maler;
Du bist im Nordlicht, im Glitzern und Blitzen der Wellen des Sees,
im Rauschen des Windes, im Schimmern der edlen Steine, im Blinken der Sterne.
Spiel mir auf Flöte, Neptun, in der Aue,
spiel mir auf der Harfe, Neptun, in dem Park,
laß Deine Melodie erklingen in meinem Herzen,
laß Deine Stille schwingen im Dunkel zwischen den Sternen.
Weite mich, o Gott der Meere und der Tiefe,
Weite mich, o Gott der Träume und des Ahnens!
Sende mir Visionen, die mir die Welten zeigen,
Sende mir die Klänge, die mich rufen zu dem Reigen!
Fischheim[1]-König, bringe mir des Ägir Weisheit[2]!
Nachtbild[3]-Sender, bringe mir die Nornen-Kunde[4]!
Saitenrahmen[5]-Spieler, bringe mir das Skalden-Wissen[6]!
Heidewolken[7]-Schenker, bringe mir Gefiuns Gaben[8]!
Lehre mich die Weisheit des Wandels,
Lehre mich das Lösen der Grenzen;
Laß mich heute noch den Horizont erreichen,
Laß mich die magische Macht des Gesanges finden;
Zeige mir die Zauberworte in den alten Schriften,

---

1 Fischheim = Meer
2 Ägir = Meeresgott; seine Weisheit: Kenntnis des Meeres und der Jenseitsreise
3 Nachtbild = Traum
4 Norne = germanische Schicksalsgöttin; ihre Kunde = Zukunfts-Wissen, Weisheit
5 Saitenrahmen = Harfe
6 Skalden = germanische Dichter und Sänger; ihr Wissen = Gedichte, Lieder, Melodien
7 Heidewolken = Nebel
8 Gefiun = germanische Göttin (= Freya); ihre Gaben = hier ihre Sehergabe

Zeige mir den Zaubergesang, der das Hügelgrab öffnet;
Führe mich zum Weltenbaum, in dem alle Weisheit verborgen ist,
Führe mich zum Götterberg, in dem alle Geheimnisse ruhen.

Pluto

Was anderes könnte den Pluto auf poetische Weise charakterisieren als der Superlativ? Auch der Dauer-Endreim, der sich über viele Zeilen hin erstreckt, kann den Nachdruck des Plutos illustrieren – auch das ist eine lyrische Erfindung der Germanen. Weiterhin sollte es harte Brüche im Reimschema geben, die die Verwandlungen des Pluto darstellen.

Pluto, Fernster der Planeten, Zerstörer der Illusionen!
Pluto, Verborgendster der Götter, Beender des Lebens!

Du bist der, der im Dunkel droht,
Du bist der, der zerreißt das Lot;
Du bringst Trauer und Tod,
Du bringst Zerstörung und Not;
Du gibst und nimmst das Brot,
Du färbst die Leiber rot.

Pluto, Heftigster der Mächte, Verwandler des beständig Scheinenden!
Pluto, Gefürchtetste der Kräfte, Deine Seele ist ein Tornado, Dein Leib ein Vulkan!

Du brichst das Tor zum Tempel auf,
Du drehst an der Pforte den Knauf;
Du endest des Lebens Lauf,
Du kommst mit Ängsten zuhauf,
Du steigst den Weltenberg hinauf,
Du bringst den Tod – niemand wartet darauf.

Pluto, niemandes Tanz ist schneller, tobender als Deiner!
Pluto, niemandes Licht ist gleißender, greller als Deins!

Du hältst den Schmetterling, der Raupe war, in Deiner Hand,
Du treibst die Erkenntnis bis an den äußersten Rand;
Du bringst Verwandlung über das ganze Land,
Du befreist den Stein der Essenz aus dem Alltags-Sand;
Du brennst in Ekstase bis an des Bewußtseins Wand,
Du gehst an die Grenze des Bekannten und löst dann das Band.

Pluto, Unbekanntester der Unbekannten, loderndes Feuer auf dem Altar!
Pluto, Zerstörerischster der Zerstörer, dunkler Gott im Tempel!

Du dringst durch alle Wälle und Wände,
Du bist die heilende Macht der Hände;
Du bist der Anfang und das Ende,
Du bist das, was ich niemals verpfände;
Du bist das Unbekannte – doch wir schrieben über Dich schon dicke Bände,
Du bist die große Frage – wenn ich nur eine Antwort fände!

Pluto, offensichtlichstes Geheimnis, Dich kann man nur erleben!
Pluto, formloseste aller Gestalten, Du kann man nur sein!

9. Planeten-Invokationen

Der Kontakt zu einer Gottheit hat in der Regel immer dieselben drei Phasen, die so gut wie immer dieselbe Reihenfolge haben, aber natürlich verschieden stark betont sein können:

- die Beschreibung der Gottheit, d.h. das Lesen seiner Mythen oder das Erzählen seiner Mythen für jemanden, der sie noch nicht kennt;

- das Gespräch mit der Gottheit, d.h. eine Traumreise oder eine andere Form der Meditation;

- Die Identifizierung mit der Gottheit.

Diese drei Phasen kann man leicht unterscheiden:

- In der ersten Phase spricht man in Bezug auf die Gottheit: „Er/Sie ist …".

- In der zweiten Phase spricht man in Bezug auf die Gottheit: „Du bist …".

- In der dritten Phase spricht man in Bezug auf die Gottheit: „Ich bin …".

Die Übergänge zwischen diesen drei Phasen können auch fließend sein, obwohl sie sich ja klar unterscheiden lassen.

Es gibt noch ein weiteres Kriterium, mit dessen Hilfe sich die Art des Kontaktes zu einer Gottheit unterscheiden läßt. Dies bezieht sich auf die Art der Wahrnehmung:

- Wenn man die Gottheit nur innerlich sieht, spricht man meistens von einer Traumreise oder von dem Beginn einer Invokation.

- Wenn man die Gottheit äußerlich sieht, spricht man von einer Vision oder von einer Evokation. Das ist oft mit einer Anrufung verbunden, die in der Regel in der „Du bist …"-Form verfaßt worden ist, aber teilweise auch Elemente in der „Er/Sie ist .."-Form enthält.

- Wenn man sich selber als die Gottheit sieht, spricht man von einer gelungenen Invokation. Dies kann sowohl mit nur im Inneren gesehenen Bildern geschehen (Traumreise) als auch mit im Außen gesehenen Bildern (Vision). Wenn man spontan eine Gottheit im Außen sieht ohne das selber angestrebt zu haben, spricht man so gut wie immer von einer Vision.

Es ist bisher zwar nur von „sehen" die Rede gewesen, aber dasselbe gilt natürlich auch für „hören" und auch für das deutlich seltener „fühlen", „riechen" und

„schmecken“.

Die drei Unterscheidungen lassen sich in einer Übersicht zusammenfassen, die die Zusammenhänge zwischen ihnen deutlicher macht.

Der Kontakt zu einer Gottheit		
Phase	***innere Bilder***	***äußere Bilder***
1. Phase: Beschreibung *„Er/Sie ist ...“*	sich die Gottheit innerlich vorstellen, Imagination	Mythen lesen, die Gottheit beschreiben
2. Phase: Gespräch *„Du bist ... “*	Traumreise, Anrufung	Vision, Evokation
3. Phase: Identifizierung *„Ich bin ... “*	„innere Invokation“	„äußere Invokation“

Bei einer Invokation geht man in drei Schritten von der sachlich-distanzierten Beschreibung (1. Phase) über das Ansprechen der Gottheit und die Kontaktaufnahme zu ihr (2. Phase) zu der Identifikation mit der Gottheit (3. Phase).

Man richtet sich also auf die Gottheit aus, verbindet sich mit ihr und löst dann die Grenze zu ihr auf.

Man kann diesen Vorgang auch auf der Mittleren Säule einordnen: Das Erfassen des Bildes findet in Yesod statt, das Ansprechen der Gottheit als eines konkreten Gegenüber in Tiphareth und die Auflösung der Grenze zu der Gottheit in Da'ath.

Die Anrufungen in dem vorigen Kapitel gehören teilweise zu der 1. Phase der Invokation („Er/Sie ist …“) und zum größten Teil zu der 2. Phase der Invokation („Du bist …“). Die 3. Phase der Invokation („Ich bin …“) fehlt in einer Anrufung in aller Regel.

Der Ablauf einer Invokation ist einfach, die Durchführung jedoch ein wenig anspruchsvoller. Wenn einem Traumreisen geläufig sind, ist es vermutlich zunächst einmal am einfachsten, die Gottheit auf einer Traumreise aufzusuchen und sie dann zu fragen, ob man mit dem eigenen Bewußtsein in ihre Gestalt kommen kann. Dieser Wunsch wurde von der Gottheit in allen mir bisher bekannten Fällen auch gewährt.

Als nächsten Schritt kann man eine Szene mit einer Gottheit, einem Heiligen, einem Religionsstifter o.ä. auswählen, die einem geläufig ist. Dies kann das Gespräch von

Mohammend mit dem Erzengel Gabriel, das Gehen über Wasser von Christus, die Auseinandersetzung von Buddha mit Mara o.ä. sein. Man stellt sich nun die ausgewählte Szene innerlich vor und wechselt dann mit dem eigenen Bewußtsein von der Zuschauerrolle in die Rolle von Mohammed, Christus, Buddha usw. und schaut, in welchem Bewußtseinszustand Mohammed, Christus, Buddha usw. in dieser Szene sind.

Ignatius von Loyola, der Gründer des Jesuiten-Ordens, hat diese Form der Meditation und der Invokations-Vorbereitung als die wichtigste Übung überhaupt angesehen. Er hat daher seinen Mönchen die Aufgabe gegeben, täglich das neue Testament zu lesen – und sich das Geschriebene stets aus der Sicht von Jesus vorzustellen.

Wenn man diese beiden Methoden – Traumreise und Szenen-Imagination – geübt hat, kann man dazu übergehen, sich die Gottheit o.ä. auch im Raum vor sich vorzustellen (imaginieren) und dann dorthin zugehen, wo die imaginierte Gottheit steht und imaginativ die Gestalt der Gottheit anzunehmen, d.h. sich mit ihr zu idnetifizieren.

Wenn man eine Statue der Gottheit besitzt, kann man die Gottheit auch in ihre Statue rufen und dann entweder mit dem eigenen Bewußtsein in die Statue und somit in die Gottheit gehen oder aus der Statue sozusagen ein Lebenskraft-Duplikat der Statue hervortreten lassen, mit dem man sich dann vereint.

Wie man sieht, gibt es auch bei der Durchführung einer Invokationen genügend Raum für die eigene Kreativität.

Man kann das Ganze mit Worten durchführen oder innerlich sprechend oder auch vollkommen schweigend und nur in Bildern. Man kann Gesten hinzunehmen oder sie fortlassen. Wenn es eine typische Geste für eine Gottheit gibt wie die Kreuzhaltung für Christus, die vor der Brust gekreuzten Arme des Osiris, oder die erhobenen Arme des ägyptischen Luftgottes Shu, die den Himmel tragen, sind diese Gesten oft eine große Hilfe bei der Invokation.

Aber warum soll man eigentlich eine Invokation durchführen?

Der offensichtlichste Grund ist, um in sich selber die Qualitäten der betreffenden Gottheit zu fördern. Man könnte stattdessen auch sagen: um eine Verbindung zu der Gottheit zu erhalten. Die erste Formulierung entspricht der Phase 3 (Identifizierung) und die zweite Formulierung der Phase 2 (Kontakt).

Doch warum sollte man solch einen Wunsch haben? Weil einem diese Qualität im eigenen Leben fehlt: Man ruft den Mars, um kämpferischer zu werden; man ruft den Jupiter, um eine größere Fülle zu erlangen; man ruft den Merkur, um eine Prüfung zu bestehen; usw.

Ob man nun während der Invokation als die Gottheit einen Talisman weiht (3. Phase) oder ob man die Gottheit bittet, einen Wunsch zu erfüllen (2. Phase) oder sich selber mit der Qualität der Gottheit auflädt (1. Phase) und dann als Gottheit selber die Erfüllung dieses Wunsch magisch herbeiholt, ist letztlich eine Stilfrage. Man sollte das so durchführen, wie es einem am leichtesten fällt.

Man kann eine Invokation vollkommen formlos durchführen. Wenn man eine solche Invokation anfangs lieber innerhalb eines geregelten Rituals durchführen möchte, kann man den folgenden Ritual-Aufbau verwenden.

- Kleines Pentagramm-Ritual
- Mittlere Säule
- die Hexagramme des Planeten in den sieben Richtungen (Osten, Süden, Westen, Norden, oben, unten, Mitte)
- Anrufung und Imagination der Gottheit mithilfe der drei Phasen „Er/Sie ist …", „Du bist …" und „Ich bin …"
- evtl. Aussprechen eines Wunsches, Weihen eines Gegenstandes o.ä.
- der Gottheit danken
- Kleines Pentagramm-Ritual

10. Planeten-Rituale

Man kann die Planeten auch als Element in Ritualen verwendet, die nicht auf einen bestimmten Planeten ausgerichtet sind. Dies sind vor allem die „3-Stufen-Rituale", in denen zuerst ein Element, dann ein Planet und dann eine Gottheit angerufen wird. Diese drei Schritte dienen einer allmählichen Steigerung der Intensität des Rituals. Die Anrufung eines Element ist die noch recht allgemeine Grundlage; die Anrufung des Planeten ist schon differenzierter; und die Anrufung der Gottheit ist dann präzise.

Bei diesem Verfahren wählt man das Element und den Planeten aus, der am besten zu der Gottheit paßt, die man anrufen will. Das Element und der Planet dienen als Vorbereitung für die Anrufung der Gottheit.

So kann man z.B. erst das Wasser-Element anrufen und dadurch die allgemeine Qualität festlegen. Die darauf folgende Mond-Anrufung konkretisiert diese Qualität und macht sie intensiver, sodaß dann die anschließende Isis-Anrufung sozusagen schon auf einem hohen Lebenskraft-Niveau, auf einer hohen Intensität des Rituals beginnen kann.

Bei einem Pan-Ritual würde man ebenfalls zunächst das Wasser anrufe, aber dann den Mars. Bei einer Helios-Anrufung wären Feuer und Sonne als Vorbereitung naheliegend. Möchte man den Gott Atlas anrufen, würde die Wahl vermutlich auf Erde und Saturn fallen.

Auf der folgenden Seite ist eine Übersicht über die Zuordnung einiger Gottheiten zu den Elementen und Planeten zu finden, die sich an den Mythen der betreffenden Gottheiten orientiert. Da zwar die vier Elemente und die zehn Planeten klar definiert sind, aber die Gottheit meistens sehr komplexe Charaktere mit unscharfen Konturen sind, lassen sich für die meisten Gottheiten verschiedene Element/Planet-Kombinationen finden – jenachdem, welcher Aspekt der Gottheit einem selber am wichtigsten zu sein scheint.

In der Übersicht finden sich hauptsächlich die in der westlichen Kultur bekannteren Gottheiten der Römer, Griechen, Germanen, Kelten, Inder und Ägypter.

Präzise Zuordnungen zu den Elementen und den Planeten sind lediglich die zwölf Tierkreiszeichen, die sich ebenfalls in der Übersicht finden (in „Anführungszeichen").

Elemente, Planeten und Gottheiten				
Planeten	**Elemente**			
	Feuer	*Wasser*	*Luft*	*Erde*
Mond	Freya	„Krebs“, Isis	Selene, Chons	Frigg, Gaia, Pte-san-win
Merkur	Alcis, Dioskuren	Ma'at, Hermes Trismegistos	„Zwilling“, Hermes, Odin, Heimdall	„Jungfrau“, Minerva
Venus	Bastet	Aphrodite	„Waage“	„Stier“
Sonne	„Löwe“, Tyr, Re, Marduk, Dagda	Ägir, Osiris, Baldur, Krishna, Christus	Indra	Drache, Vritra, Kephera
Mars	„Widder“, Ares, Sachmet, Selket Apollo, Helios	„Skorpion“, Pan, Bacchus, Dionysos, Freyr, Chnum	Morrigan, Badb, Horus, Neith	Thor, Skadi, Ullr, Athene, Hestia, Mafdet, Mahto
Jupiter	„Schütze“, Zeus	„Fische“, Hera	Shiun	Jörd, Sif, Ceres, Kore, Demeter, Vishnu, Ptah
Saturn	Vulcanus, Hephaistos, Wieland	Nornen, Moiren, Hel	„Wassermann“, Thot, Amun	„Steinbock“, Anubis, Atlas, Persephone, Geb
Uranus	Loki	Nut	„Wassermann“, Iktomi	Ananse
Neptun	Kundalini, Sintela	„Fische“, Poseidon, Apophis, Bragi, Nuada, Njörd, Hapi	Bindhu, Mut, Nechbet, Wambli	Hönir, Idun
Pluto	Morrigan, Brahma, Zarathustra	„Skorpion“, Shiva, Kali, Ran, Mithras	Odin, Sobek, Buddha	Hades, Seth, Ymir, Atum, Adam, Yama

Diese „3-Stufen-Rituale“ kann man wie folgt aufbauen:

- Kleines Pentagramm-Ritual
- Mittlere Säule
- das anrufende Pentagramm des ausgewählten Elementes in den sieben Richtungen
- das Hexagramm des des ausgewählten Planeten in den sieben Richtungen
- die Anrufung der ausgewählten Gottheit
- die Durchführung der Ritual-Handlung, auf die Ritual abzielt: Invokation, Heilung, Talisman-Weihung o.ä.
- Dank
- Kleines Pentagramm-Ritual

Man kann solche Rituale durch verschieden viele Hilfsmittel „farbiger“ gestalten: Räucherwerk, Decken in der Planeten-Farben, ätherische Öle, passende Ritual-Kleidung, Symbole, Bilder usw.

Die vier anrufenden Elemente-Pentagramme sehen wie unten gezeigt aus – beim Ziehen der Pentagramme wird der unter ihm angegebene Name gesungen, intoniert, vibriert.

die kleinen anrufenden Elemente-Pentagramme			
Feuer	***Wasser***	***Luft***	***Erde***
	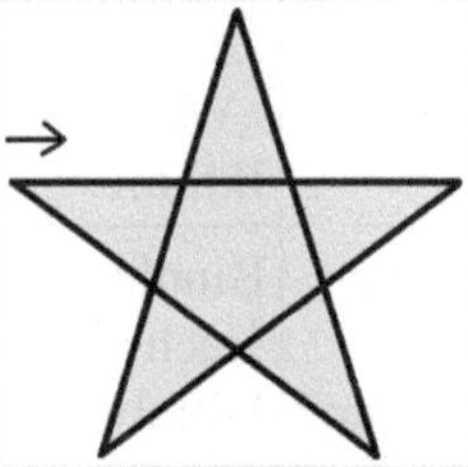	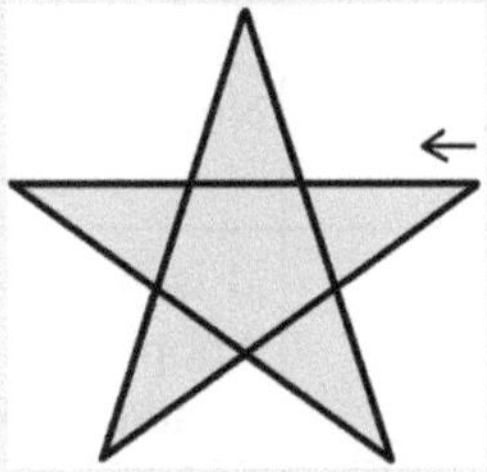	
„Adonai“	*„Eheieh“*	*„Yod-he-Vau-He“*	*„Agla“*

Wenn man aus irgendeinem Grund in dem Ritual ganz besonders viel Lebenskraft benötigt, kann man auch die Pentagramme aus dem Großen Pentagramm-Ritual verwenden.

In der Übersicht auf der nächsten Seite sind die vier anrufenden Elemente-Pentagramme aus dem Großen Pentagramm-Ritual dargestellt. Sie werden in fünf Schritten durchgeführt, die in der Übersicht von oben nach unten hin aufgeführt sind.

Der vierte Schritt – die Imagination des Erzengels – gehört nicht zur klassischen Version dieser Pentagramme, aber sie ist sehr hilfreich, wenn man eine hohe Intensität erlangen will.

Diese fünf Schritte sind:

- das Geist-Pentagramm (Anrufung der Quintessenz)
- das „Öffnen des Schleiers“
- das anrufende Elemente-Pentagramm
- die Imagination bzw. Anrufung des Erzengels
- der Elemente-Gruß

Bei den Pentagrammen sind jeweils zwei Namen angegeben. Der erste Name wird gesungen, während man das Pentagramm in der Luft zieht; der zweite Name wird gesungen, während man das Symbol in der Mitte des Pentagramms zieht.

Bei Bedarf findet sich eine ausführliche Beschreibung der Elemente und der Elemente-Pentagramme in meinem Buch „Wie man das Pentagramm-Ritual zum Leben erweckt“.

die großen anrufenden Elemente-Pentagramme			
Feuer	***Wasser***	***Luft***	***Erde***
„Bitom“ *„Eheieh“*	*„Ha-co-ma“* *„Agla“*	*„Ex-ar-peh“* *„Eheieh“*	*„Nanta“* *„Agla“*
Man macht dort, wo man dieses Pentagramm in der Luft imaginiert hat, mit beiden Händen eine Geste, als würde man zwei Vorhänge in der Mitte von oben nach unten hin teilen und sie dann nach links und rechts fortschieben und dadurch wie ein zweiflügeliges Tor öffnen.			
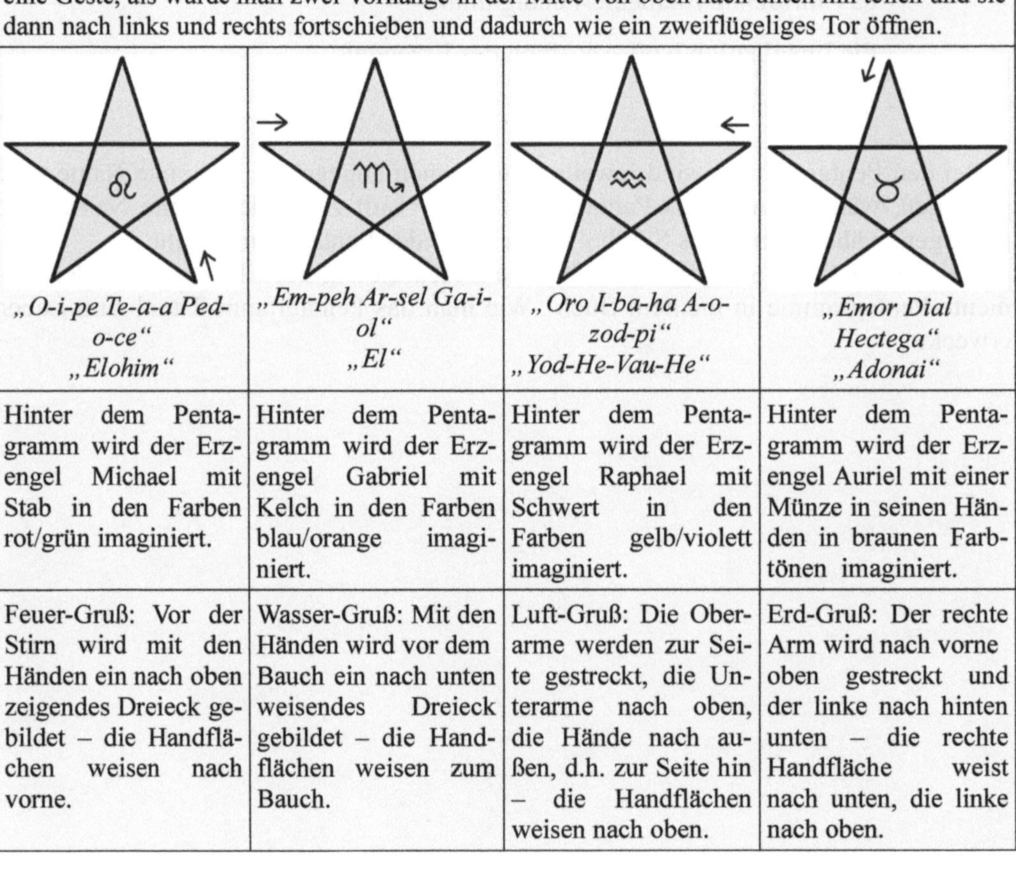 *„O-i-pe Te-a-a Pedo-ce“* *„Elohim“*	*„Em-peh Ar-sel Ga-i-ol“* *„El“*	*„Oro I-ba-ha A-o-zod-pi“* *„Yod-He-Vau-He“*	*„Emor Dial Hectega“* *„Adonai“*
Hinter dem Pentagramm wird der Erzengel Michael mit Stab in den Farben rot/grün imaginiert.	Hinter dem Pentagramm wird der Erzengel Gabriel mit Kelch in den Farben blau/orange imaginiert.	Hinter dem Pentagramm wird der Erzengel Raphael mit Schwert in den Farben gelb/violett imaginiert.	Hinter dem Pentagramm wird der Erzengel Auriel mit einer Münze in seinen Händen in braunen Farbtönen imaginiert.
Feuer-Gruß: Vor der Stirn wird mit den Händen ein nach oben zeigendes Dreieck gebildet – die Handflächen weisen nach vorne.	Wasser-Gruß: Mit den Händen wird vor dem Bauch ein nach unten weisendes Dreieck gebildet – die Handflächen weisen zum Bauch.	Luft-Gruß: Die Oberarme werden zur Seite gestreckt, die Unterarme nach oben, die Hände nach außen, d.h. zur Seite hin – die Handflächen weisen nach oben.	Erd-Gruß: Der rechte Arm wird nach vorne oben gestreckt und der linke nach hinten unten – die rechte Handfläche weist nach unten, die linke nach oben.

11. Planeten-Ekstase

Die Planeten-Ekstase ist sozusagen eine Aufbaustufe, die auf die Invokation folgen kann. Bei der Invokation erlebt man sich selber mehr oder weniger intensiv als die angerufene Gottheit, mit der man sich auf die eine oder andere Weise identifiziert hat. Dabei ist man sich noch voll bewußt, wer man selber ist und was man gerade macht und sieht auch noch die Dinge und Vorgänge ringsum. Die Invokation ist also eine Auflösung der Grenze zu der Gottheit hin, aber keine Selbstauflösung – und man ist sich gleichzeitig auch noch verschiedener Dinge bewußt.

Eine Ekstase ist dadurch definiert, daß bei ihr das Bewußtsein einsgerichtet ist, d.h. daß das Bewußtsein vollständig auf eine einzige Sache ausgerichtet ist – bei der Planeten-Ekstase ist dies einer der zehn Planeten. Bei einer normalen magischen oder religiösen Ekstase ist das Bewußtsein ganz auf eine Gottheit ausgerichtet. Im Bereich der Magie kann dies natürlich auch ein Wunsch oder verschiedene andere Dinge sein.

Die Frage ist nun, wie man in eine Planeten-Ekstase gelangen kann – und zuvor stellt sich natürlich als allererstes die Frage, wozu so etwas gut sein könnte.

Zunächst einmal ist es ganz einfach ein sehr beeindruckendes Erlebnis, während dem man ein Kraft und eine Qualität spürt, die einem sonst kaum zugänglich sein wird. In dem Zustand dieser Qualität hat man auch deutlich größere Möglichkeiten, Magie auszuüben.

Man kann natürlich auch ohne jegliche Vorbereitung in den Zustand der Einsgerichtetheit gelangen – z.B. wenn man in einer existentiellen Situation einen vollkommen aufrichtigen Entschluß faßt und diesen auch durchführt.

Die beiden bekanntesten Formen der Einsgerichtetheit sind der Sex und die Panik.

Es gibt jedoch leider auch chronische Einsgerichtetheiten, die oftmals eher zerstörerisch sind: Fixierung auf Angstbilder und Suchtbilder in der Psyche sowie politischer und religiöser Fanatismus.

Durch eine einfache Gottheiten-Ekstase wird man jedoch weder eine psychotische Fixierung bekommen noch zu einem religiösen Fanatiker werden – schließlich ist die Ekstase im Grunde ein ganz normaler Zustand von vollkommener Konzentration wie eben beim Sex.

Die Methoden, mit deren Hilfe man in eine Ekstase gelangen kann, sind sehr vielfältig. Sie haben jedoch alle gemeinsam, daß sie die Ausrichtung des Bewußtseins ausschließlich auf das ausgewählte Thema, hier also auf einen der zehn Planeten zum Ziel haben. Man kann nicht generell sagen, welche Methode für wen am besten funktioniert – das muß man durch Ausprobieren selber herausfinden.

Die meisten dieser Methoden haben einen Rhythmus, da es in aller Regel einfacher ist, einen Rhythmus aufrechtzuerhalten als eine statische Ausrichtung auf ein Thema. Es gibt allerdings durchaus beide Ekstase-Methoden: die „leise“ Methode und die „laute“ Methode.

Die leise Methode führt symbolisch gesehen sozusagen in die Richtung des Todes:

- Hier finden sich Methoden wie das unentwegte Konzentrieren auf ein Symbol oder auf die Gestalt einer Gottheit.

- Auch das innerliche Sprechen eines Mantras über lange Zeit hinweg ge hört zu diesem Weg.

- Weiterhin findet sich hier die innere Stille, bei der man aufhört, etwas zu denken, sich etwas vorzustellen oder etwas zu fühlen, sondern nur noch Bewußtsein ist, das sich seiner selber bewußt ist. Diese Methode ist heute vor allem aus dem Zen-Buddhismus bekannt.

- Die Extremform ist das rituelle Liegen in einem Grab o.ä.

- Alle diese Methoden kann man etwas ungenau als „Meditation“ bezeichnen.

Die laute Methode führt hingegen in die Richtung der Sexualität:

- Bei dieser Methode liest man z.B. einen Text über eine Gottheit vor oder trägt ihn auswendig vor oder beschreibt improvisiert den Planeten. Dabei strebt man nach einer Steigerung der Worte, Gefühle und der Bilder, die ganz auf den Planeten ausgerichtet sind.

- Eine etwas intensivere Variante ist das gemeinsame Singen eines kurzen Liedes, das immer wieder wiederholt wird. Dies kann man einzeln oder in einer Gruppe durchführen. Manchmal wird diese Methode durch spontane Schreie und Rufe ergänzt.

- Eine ähnliche Herangehensweise ist das Improvisieren von Musik für die Gottheit, in die man sich dann immer mehr hineinsteigert und die Musik dann einfach fließen läßt.

Dabei wählt man natürlich das Instrument passend zu der Gottheit: für Pan die Panflöte, für Krishna die Querflöte, für Dagda die Harfe, für Apollo die Leier usw.

Für die Planeten gibt es keine traditionelle Instrument-Zuordnung, sodaß man schauen muß, welches Instrument einem passend scheint – und was man auch selber ausreichend gut spielen kann. Ein Vorschlag wäre z.B. die Blockflöte für den Mond, die Gitarre für den Merkur, die Geige für die Venus, den

Gong für die Sonne, die E-Gitarre für den Mars, das Klavier für den Jupiter, die Kirchenorgel für den Saturn, den Synthesizer für den Uranus, die Harfe für den Neptun, und die Pauken oder das Schlagzeug für den Pluto.

- Bei der Tanz-induzierten Ekstase ist der Rhythmus das wesentliche Element – in der Regel ist dies vor allem ein Stampfen wie im afrikanischen Tanz.

Da es nicht so einfach ist, bei dem Anstreben der Einsgerichtetheit, die zur Ekstase führen soll, die Konzentration aufrechtzuerhalten, haben sich die Schamanen, Yogis, Mystiker, Sufis usw. im Laufe der Zeit einige Tricks ausgedacht:

- Im Solo-Tantra und im Paar-Tantra benutzt man die Sexualität, um die Konzentration fördern. Die Konzentration auf Sex fällt den meisten Menschen schließlich recht leicht …

- Im Tummo (tibetisch für „Kundalini“) wird die Möglichkeit, sich durch das Erwecken der innere Hitze auch bei -20°C warmzuhalten, genutzt, um die Konzentration aufrechtzuerhalten. Weil man sonst in seinem dünnen Baumwollgewand fürchterlich frieren würde, hält man diese Hitze-Meditation dauerhaft aufrecht – die Motivation ist stets ausreichend groß …

- Bei dem Derwisch-Tanz dreht man sich lange Zeit gleichmäßig im Kreis und blickt dabei auf die Handfläche der linke Hand, die man einen halben Meter entfernt vor die eigenen Augen hält. Da einem sofort schwindelig und übel wird, wenn man von der Hand wegschaut, kann man auch auf diese Weise die eigene Konzentrationsfähigkeit fördern.

Welche dieser Methoden oder Methoden-Mischungen am besten für eine eigene Planeten-Ekstase geeignet ist, muß man selber ausprobieren – das läßt sich nicht allgemein sagen. Ein wenig Kreativität ist hier auf jeden Fall förderlich.

12. Zusammenfassung

Die zehn Planeten haben wie die vier Elemente und der Tierkreis den Vorteil, daß ihre Qualität klar definiert ist. Diese Planeten-Qualitäten kann man am einfachsten und am sichersten durch das häufige Deuten von Horoskopen kennenlernen.

Eine zweite Methode, die Planeten kennenzulernen, ist die direkte Wahrnehmung mithilfe von Traumreisen, Aufstellungen und Astrodrama.

Die vier klassischen Methoden, um die Qualität eines Planeten zu rufen sind das Mantra, der Chant (kurzes Lied), die Anrufung und die Verwendung der Planeten-Hexagramme. Eine Steigerung der Anrufung ist die Invokation. Die intensivste Möglichkeit ist die Planeten-Ekstase.

Mit dieser herbeigerufenen Lebenskraft mit der Qualität eines bestimmten Planeten können dann Talismane, Statuen, Räume und die verschiedensten Gegenstände geweiht werden. Das Anrufen von Planeten insbesondere mithilfe der Hexagramme kann auch ein Hilfs-Element in einem anderen Ritual sein – z.B. als Vorbereitung der Anrufung einer Gottheit, die dem betreffenden Planeten ähnlich ist.

Wie bei den meisten Dingen ist es sinnvoll, zunächst einmal im Kleinen mit dem Horoskop-Deuten, einer Traumreise oder dem Weihen eines Talismans anzufangen – aus den dabei entstandenen Erfahrungen ergibt sich dann schrittweise, ob und wie man die Planeten in seinem Leben nutzen möchte.

Bücher von Harry Eilenstein

- The Synthesis of Physics and Magic (192 p.)
- Telepathy for Beginners (60 p.)
- Telepathy for Advanced Learners (52 p.)
- Telekinesis for Beginners (56 p.)
- Life Force for Beginners (76 p.)
- Kundalini for Beginners (104 p.)
- Astral Projection for Beginners (60 p.)
- Meditation for Beginners (60 p.)
- Prophecy for Beginners (60 p.)
- Ritual Magic for Beginners (64 p.)
- Magic Chant for Beginners (108 p.)
- Invocations for Beginners (52 p.)
- Evocations for Beginners (62 p.)
- Auto-Movement for Beginners (60 p.)
- Elves for Beginners (56 p.)
- Hypnosis for Beginners (56 p.)
- Love Magic for Beginners (52 p.)
- Money Magic for Beginners (60 p.)
- Magic Objects for Beginners (64 p.)
- Shamanism for Beginners (52 p.)
- Chakra-Magic for Beginners (148 p.)
- Language of the Moon – for Beginners (128 p.)
- Self Knowledge for Beginners (60 p.)
- Da'ath-Magic for Beginners (64 p.)
- Astrology for Beginners (112 p.)
- Number Symbolism for Beginners (64 p.)
- Mandalas for Beginners (76 p.)
- Crop Circles for Beginners (344 p.)
- Feng Shui for Beginners (96 p.)
- Magic Research for Beginners (140 p.)

- Magic for Beginners – Anthology I (636 p.)
- Magic for Beginners – Anthology II (616 p.)
- Magic for Beginners – Anthology III (684 p.)
- Magic for Beginners – Anthology IV (580 p.)

Religion allgemein

- Die sieben Schritte des Lebens (428 S.)
- Muttergöttin und Schamanen (168 S.)
- Totempfähle (440 S.)
- Der Urriese (168 S.)

Jungsteinzeit

- Göbekli Tepe (472 S.)
- Die Göttin von Göbekli Tepe (144 S.)

Ägypten

- Hathor und Re 1: Götter und Mythen im Alten Ägypten (432 S.)
- Hathor und Re 2: Die altägyptische Religion – Ursprünge, Kult und Magie (396 S.)
- Isis (508 S.)
- Ma'at (200 S.)

Christentum

- Christus (60 S.)
- Die Biographie des Teufels (144 S.)

Indogermanen

- Die Entwicklung der indogermanischen Religionen (700 S.)
- Wurzeln und Zweige der indogermanischen Religion (224 S.)

Griechen

- Pan (336 S.)
- Poseidon (668 S.)

Inder

- Dakini (80 S.)
- Vajra (76 S.)

Germanen

- Die Götter der Germanen (87 Bände – siehe nächste Seite)
- Odin (300 S.)

Kelten

- Cernunnos (690 S.)
- Taliesin (228 S.)
- Der Kessel von Gundestrup (220 S.)
- Der Chiemsee-Kessel (76)

Psychologie

- Über die Freude (100 S.)
- Das Geheimnis des inneren Friedens (252 S.)
- Das Beziehungsmandala (52 S.)
- Gefühle und ihre Verwandlungen (404 S.)
- einsgerichtet (140 S.)
- Liebe und Eigenständigkeit (216 S.)
- Von innerer Fülle zu äußerem Gedeihen (52 S.)

Heilung

- Die Symbolik der Krankheiten (76 S.)

Kunst

- Herz des Tanzes – Tanz des Herzens (160 S.)
- Die Wurzeln der Kunst (60 S.)
- Wege zur Musik-Improvisation (32 S.)

Drama

- König Athelstan (104 S.)

Eilenstein, Frater V.D., Knecht, Büdenbender

- Magie heute – Berichte aus der Praxis (288 S.)
- Living Magic (261 p.)

Büdenbender, Eilenstein

- Chaos, Alk und Magic (436 S.)

„Magie für Anfänger"

- Telepathie für Anfänger (60 S.)
- Telepathie für Fortgeschrittene (52 S.)
- Telekinese für Anfänger (52 S.)
- Analogien für Anfänger (56 S.)
- Omen und Orakel für Anfänger (52 S.)
- Lebenskraft für Anfänger (60 S.)
- Meditation für Anfänger (56 S.)
- Kundalini für Anfänger (100 S.)
- Hypnose für Anfänger (56 S.)
- Auto-Movement für Anfänger (56 S.)
- Chakra-Magie für Anfänger (148 S.)
- Astralreisen für Anfänger (56 S.)
- Astrologie für Anfänger (120 S.)
- Planeten-Magie für Anfänger (92 S.)
- Astrologische Quadrate für Fortgeschrittene (72 S.)
- Silberschnüre für Anfänger (52 S.)
- Zaubersprüche für Anfänger (60 S.)
- Ritual-Magie für Anfänger (56 S.)
- Mandalas für Anfänger (68 S.)
- Geldzauber für Anfänger (56 S.)
- Liebeszauber für Anfänger (52 S.)
- Invokationen für Anfänger (52 S.)
- Evokationen für Anfänger (60 S.)
- Geister für Anfänger (52 S.)
- Elfen für Anfänger (56 S.)
- Magie-Forschung für Anfänger (140 S.)
- Magie-Romantik für Anfänger (60 S.)
- Selbsterkenntnis für Anfänger (52 S.)
- Einweihungen für Anfänger (60 S.)
- Drogen-Kabbala für Anfänger (216 S.)
- Zahlensymbolik für Anfänger (60 S.)
- Die Sprache des Mondes – für Anfänger (116 S.)
- Zaubergesänge für Anfänger (100 S.)
- Zukunftschau für Anfänger (60 S.)
- Schamanismus für Anfänger (52 S.)
- Schwitzhütten für Anfänger (52 S.)
- Magische Gegenstände für Anfänger (68 S.)
- Zaubertränke für Anfänger (64 S.)
- Magie-Gesten für Anfänger (252 S.)
- Ein Vielzweck-Zauber für Anfänger (104 S.)
- Übertragungen für Anfänger (68 S.)
- Externe Prägungen für Anfänger (52 S.)
- Da'ath-Magie für Anfänger (64 S.)
- Magie-Heilungen für Anfänger (68 S.)
- Kornkreise für Anfänger (348 S.)
- Feng Shui für Anfänger (96 S.)
- Tao für Anfänger (112 S.)
- Magie für Anfänger – Sammelband I (696 S.)
- Magie für Anfänger – Sammelband II (664 S.)
- Magie für Anfänger – Sammelband III (580 S.)
- Magie für Anfänger – Sammelband IV (700 S.)
- Magie für Anfänger – Sammelband V (676 S.)

„Traumreisen"

- Traumreisen zu Heilpflanzen (700 S.)

Magie

- Handbuch für Zauberlehrlinge (408 S.)
- Wie man das Pentagramm-Ritual zum Leben erweckt (308 S.)
- Tarot (104 S.)
- Physik und Magie (184 S.)
- Die Synthese von Physik und Magie (200S.)
- Die Magie-Formel (156 S.)
- Schwarze Löcher in der Magie (56 S.)
- Krafttiere – Tiergöttinnen – Tiertänze (112 S.)
- Schwitzhütten (524 S.)
- Mythen und Magie der Harfe (116 S.)
- Drei Adeptus Major Rituale (192 S.)
- Drei Adeptus Exemptus Rituale (120 S.)
- Zwei Infans Abyssi Rituale (128 S.)
- Die Magie der Propheten Elias und Elisa (96 S.)

Meditation

- Der Lebenskraftkörper (230 S.)
- Die Chakren (100 S.)
- Das Chakren-System mit den Nebenchakren (296 S.)
- Organe und Chakren (64 S.)
- Die platonischen Körper in den Chakren (156 S.)
- Meditation (140 S.)
- Drachenfeuer (124 S.)
- Kundalini I (676 S.)
- Kundalini II (672 S.)
- Reinkarnation (156 S.)
- einsgerichtet (140 S.)

Astrologie

- Astrologie (496 S.)
- Photo-Astrologie (428 S.)
- Die astrologischen Aspekte (88 S.)
- Horoskop und Seele (120 S.)

Kabbala

- Kursus der praktischen Kabbala (150 S.)
- Eltern der Erde (450 S.)
- Blüten des Lebensbaumes:
  - Die Struktur des kabbalistischen Lebensbaumes (370 S.)
  - Der kabbalistische Lebensbaum als Forschungshilfsmittel (580 S.)
  - Der kabbalistische Lebensbaum als spirituelle Landkarte (520 S.)
- Logik und Wirkung der Analogie (700 S.)

Die Themen der 87 Bände der Reihe „Die Götter der Germanen“

1. Die Entwicklung der germanischen Religion
2. Lexikon der germanischen Religion
3. Der ursprüngliche Göttervater Tyr
4. Tyr in der Unterwelt: der Schmied Wieland
5. Tyr in der Unterwelt: der Riesenkönig Teil 1
6. Tyr in der Unterwelt: der Riesenkönig Teil 2
7. Tyr in der Unterwelt: der Zwergenkönig
8. Der Himmelswächter Heimdall
9. Der Sommergott Baldur
10. Der Meeresgott: Ägir, Hler und Njörd
11. Der Eibengott Ullr
12. Die Zwillingsgötter Alcis
13. Der neue Göttervater Odin Teil 1
14. Der neue Göttervater Odin Teil 2
15. Der Fruchtbarkeitsgott Freyr
16. Der Chaos-Gott Loki
17. Der Donnergott Thor
18. Der Priestergott Hönir
19. Die Göttersöhne
20. Die unbekannteren Götter
21. Die Göttermutter Frigg
22. Die Liebesgöttin: Freya und Menglöd
23. Die Erdgöttinnen
24. Die Korngöttin Sif
25. Die Apfel-Göttin Idun
26. Die Hügelgrab-Jenseitsgöttin Hel
27. Die Meeres-Jenseitsgöttin Ran
28. Die unbekannteren Jenseitsgöttinnen
29. Die unbekannteren Göttinnen
30. Die Nornen
31. Die Walküren
32. Die Zwerge
33. Der Urriese Ymir
34. Die Riesen
35. Die Riesinnen
36. Mythologische Wesen
37. Mythologische Priester und Priesterinnen
38. Sigurd/Siegfried
39. Helden und Göttersöhne
40. Die Symbolik der Vögel und Insekten
41. Die Symbolik der Schlangen, Drachen und Ungeheuer

42.a Die Symbolik der Herdentiere I

42.b Die Symbolik der Herdentiere II

43. Die Symbolik der Raubtiere
44. Die Symbolik der Wassertiere und sonstigen Tiere
45. Die Symbolik der Pflanzen
46. Die Symbolik der Farben
47. Die Symbolik der Zahlen
48. Die Symbolik von Sonne, Mond und Sternen

49.a Das Jenseits I – Das Hügelgrab

49.b Das Jenseits II – Der Jenseitsweg

50. Seelenvogel, Utiseta und Einweihung
51. Wiederzeugung und Wiedergeburt
52. Elemente der Kosmologie
53. Der Weltenbaum
54. Die Symbolik der Himmelsrichtungen und der Jahreszeiten

55.a Mythologische Motive I

55.b Mythologische Motive II

56. Der Tempel
57. Die Einrichtung des Tempels
58. Priesterin – Seherin – Zauberin – Hexe
59. Priester – Seher – Zauberer
60. Rituelle Kleidung und Schmuck
61. Skalden und Skaldinnen

62 Kriegerinnen und Ekstase-Krieger

63. Die Symbolik der Körperteile

64.a Magie und Ritual I

64.b Magie und Ritual II

64.c Magie und Ritual III

65. Gestaltwandlungen

66.a Magische Angriffs-Waffen

66.b Magische Verteidigungs-Waffen

67. Magische Werkzeuge und Gegenstände
68. Zaubersprüche
69. Göttermet
70. Zaubertränke
71. Träume, Omen und Orakel
72. Runen
73. Sozial-religiöse Rituale
74. Weisheiten und Sprichworte
75. Kenningar
76. Rätsel
77. Die vollständige Edda des Snorri Sturluson
78. Frühe Skaldenlieder

79.a Mythologische Sagas I

79.b Mythologische Sagas II

80. Hymnen an die germanischen Götter

Die zehn Planeten sind in der Magie eine der am häufigsten verwendeten Analogien und Qualitäts-Einheiten und auch eines der am häufigsten verwendeten Hilfsmittel.

In diesem Buch finden sich die astrologische Beschreibung der Planeten, Traumreisen zu ihnen, Anrufungen für jeden der zehn Planeten, Darstellungen der Planeten- Hexagramme und der Planeten- Siegel, Ritual- Anleitungen, Beschreibungen von Weihungen von Planeten- Talismanen, Anleitungen zu Planeten-Invokationen und zum Erzeugen einer Planeten-Ekstase usw.

9 783756 833795

Harry Eilenstein

Wege zur Musik-Improvisation

Anregungen zur Wiederentdeckung
des freien, kreativen Spiels